भारतीय नारी सन्त परम्परा

भारतीय नारी सन्त परम्परा

बलदेव वंशी

वाणी प्रकाशन

प्रकाशन के उत्कृष्टतम 61 वर्ष

vaniprakashan.com

सजिल्द पहला संस्करण : 2011
सजिल्द दूसरा संस्करण : 2017
सजिल्द तीसरा संस्करण : 2024

वाणी प्रकाशन

4695, 21-ए, दरियागंज, नयी दिल्ली-110 002

फ़ोन : +91 11 23273167, 23275710

शाखाएँ

अशोक राजपथ, पटना-800 004, बिहार

कॉफ़ी हाउस कैम्पस, महात्मा गांधी मार्ग, प्रयागराज-211 001, उत्तर प्रदेश

महात्मा गांधी अन्तरराष्ट्रीय हिन्दी विश्वविद्यालय, वर्धा-442 001, महाराष्ट्र

36/ए, शेक्सपियर सरणी, रानी बिरला गर्ल्स कॉलेज के पास, कोलकाता-700 017, प. बंगाल

sales@vaniprakashan.in

vaniprakashan@gmail.com

BHARATIYA NARI SANT PARAMPARA

by Baldev Vanshi

ISBN : 978-93-5000-510-1

Feminism/Women Saint

मूल्य : ₹ 425

जी.एस, ऑफ़सेट द्वारा दिल्ली-110 095 में मुद्रित

वाणी प्रकाशन का लोगो मक़बूल फ़िदा हुसैन की कूची से

अनुक्रम

भारतीय नारी सन्त परम्परा

भारत विश्व का सबसे बड़ा लोकतन्त्र है। इक्कीसवीं शताब्दी के प्रथम दशक में नारी सशक्तीकरण की दिशा में बढ़ता हुआ, नारी-मुक्ति आन्दोलन के विश्वव्यापी अभियान को दिशा दे रहा है। ऐसे भारत अपने अतीत वेद काल में अपनी विदुषी नारियों को, ऋषि माताओं और सन्त नारियों को विश्व-मानव समाज के सामने एक आदर्श के रूप में रख सकता है। अतीत में विश्व का ज्ञान गुरु रहा भारत आज भी अपने गुरु दायित्व को इस दिशा में सिद्ध करे तो यह एक स्पृहणीय कार्य होगा।

पुरातन काल की ऋषि-माताएँ—गार्गी, घोसा, अपाला, जुहू, उषा, अदिति, विश्ववारा, गोधा, इला, सरस्वती, सरमा, इन्द्राणी, रोमश, उर्वशी, यमी, लोपामुद्रा, श्रद्धा, सूर्या, सावित्री, शची, सिक्ता, शक्ति, उमा, हेमवती, सुलभ, ममता, वाक्य, रोमशा, आदि वेदकालीन एवं उत्तर वेदकालीन नारियों ने ज्ञान के प्रकाश में अपनी बहुमुखी प्रतिभा का परिचय दिया तथा ऋषियों के दार्शनिक चिन्तन के विकास में सहयोग किया। सन्त नारियों ने इसी प्रकार मध्य युग में पुनः सन्त गुरुओं के संग-साथ में तथा स्वतन्त्र रहकर भी अपनी साधना से सृजन एवं रचना-कर्म से तथा सक्रिय रूप से सामाजिक, सांस्कृतिक, आध्यात्मिक क्षेत्रों में दिशा-दर्शी उदाहरण-आदर्श स्थापित किये हैं।

'भारतीय सन्त परम्परा' ग्रन्थ के साथ 'विश्व सन्त पुस्तक माला' (लेखक-समन्वयक डॉ. बलदेव वंशी) के अन्तर्गत बाईस पुस्तकों के प्रकाशनोपरान्त (यह क्रम 108 सन्तों तक, माला के 108 मनकों तक चलना है) यह अगला पग है 'भारतीय नारी सन्त परम्परा'। इस ग्रन्थ में हमने मात्र 38 सन्त नारियों का परिचय, विचार तथा वाणी आदि को संक्षिप्त रूप में प्रस्तुत करना अभीष्ट माना है, ताकि लघु आकार के कारण, कम दामों पर यह अधिक से अधिक पाठकों के हाथों में पहुँच सके। आरम्भ में एक लेख सन्त शिरोमणि कबीर पर—'कबीर को नारी-निन्दक कहना बड़ी नासमझी'। इस लेख को देने का आशय है कि आज भी

कई विद्वान। कबीर सहित सभी सन्तों को नारी-निन्दक मानते हैं। यह सत्य नहीं है। यदि यह सत्य होता तो सभी सन्तों के साथ नारी माता, बहन, पत्नी, पुत्री, शिष्या आदि के रूपों में विद्यमान क्यों होती? शेष तर्क-कारण इस लेख में देखे जा सकते हैं।

'भारतीय नारी सन्त परम्परा' तथा नारी सन्तों की वाणियों में सिमटी वेदना, आत्मा, परमात्मा की सूक्ष्म अनुभूतियों की चर्चा से पहले—क्या ऐसा नहीं लगता कि मानवीय-अति मानवीय प्रकृति-प्रवृत्ति की संरचना के विकास के लिए ही बाहरी ध्वंसात्मक सामग्रियों के साथ आन्तरिक विकास की ईश्वरीय इच्छा आकार ले रही है। स्वयं ही स्वयं का महा-विनाश किसी महत् उद्देश्य के बिना सम्भव नहीं। विधायी शक्ति, जिसने सृष्टि रची है, वह निरुद्देश्य न पहले थी, न अब हो सकती है, न भविष्य में होगी! तब सूक्ष्म एवं अति विकास संरचना के लिए ही अति विनाश-रचना नहीं होती प्रतीत होती! "मृत्यु ही स्वयं पालती है जीवन को/अपने गर्भ में/कमाल से/विनाश की इच्छा में ही गहरे में/विकास के बीज/अंकुरित हो रहे हैं।" (वंशी) श्री अरविन्द का 'अति-मानसी सिद्धान्त' इसी दिशा में फल-फूल रहा है, दिव्यता के फूलों-फलों के लिए! मनुष्य को तीन अस्तित्व उपलब्ध हैं—(पतंजलि योगसूत्र)। स्थूल अस्तित्व—(देह), सूक्ष्म अस्तित्व (मन), कारण अस्तित्व (आत्मा, चेतना), और इससे ऊपर और परे अकारण अस्तित्व (परम-आत्मा)। कबीर ने इस परम सूक्ष्म, परम अगोचर, निराकार, अलख, निरंजन को 'पुहुप बास से पातरा' कहा है। अर्थात् फूल की सुगन्ध से भी अधिक सूक्ष्म और पतला। देह, मन, आत्मा तो मनुष्य की सीमा में आते हैं, किन्तु चौथा अस्तित्व मनुष्य के भीतर भी है आत्म-रूप में तथा समूची सृष्टि में भी व्याप्त है। इसी के लिए कबीर ने कहा है—'जल विच मीन प्यासी'—समूची सृष्टि ब्रह्मजल, चैतन्यजल से आप्लावित है, जहाँ हमारी, मनुष्य की, जीव की स्थिति एक मछली की भाँति है, जो पानी में रहती हुई भी अपनी अविद्या माया में घिरी होने के कारण ब्रह्मजल का पान करने में असमर्थ होने से प्यासी है। सन्त दादू दयाल भी कहते हैं—

सरवर भर्‌या दह दिसि, पंछी प्यासा जाये।
दादू गुरु परसाद बिन, क्यों जल पीवे आये॥

अर्थात् सारा ब्रह्माण्ड ही ब्रह्मजल से भरा हुआ है। यह दशों दिशाओं से भरा हुआ है, पर यहाँ विचरने वाला जीव पक्षी की भाँति प्यासा ही रह जाता है। अपनी अज्ञानता के कारण पानी की एक बूँद तक नहीं पी पाता, जब तक कि उस पर, मनुष्य पर गुरु की कृपा न हो जाये। क्योंकि गुरु, सद्‌गुरु ही आत्मा-परमात्मा, ब्रह्मजल, परम चेतना की पहचान रखता है, वही हमें भी इसकी पहचान करा सकता है। सन्त ही बिना किसी व्यवधान के, 'बिना कागद की लेखी' (कबीर) के

और बिना किसी अवरोध (मन्दिर, मस्जिद आदि) के उस चैतन्य तक सीधे ही अपनी पहुँच रखते हैं। इस कारण वे बाहरी चिन्ह्नों, प्रतीकों, ठिकानों, पूजा-विधानों, तीर्थों आदि को व्यर्थ मानते हैं। सन्त का गुरु कोई प्रचलित अर्थों में सामान्य देहधारी नहीं, बल्कि सद्‌गुरु होता है, जो परम-आत्मा, परम-चेतना के ओज, तेज, सामर्थ्य के रूपाकार को मानवों के लिए उपलब्ध कराता है। सन्तों का अपना कोई पक्ष या विपक्ष भी नहीं होता। कोई सम्प्रदाय भी नहीं होता। उसकी बद्धता, प्रतिबद्धता प्राणी मात्र के प्रति होती है; किसी भी प्रचलित धर्म-सम्प्रदाय के प्रति नहीं, किसी भी वर्ग-वर्ण, कुल-गोत्र, जाति-वंश, स्थान-क्षेत्र, देश-प्रदेश से वह स्वयं को जोड़ते-बाँधते नहीं। इन अर्थों में सार्वभौम, सार्व-कालिक, सर्व-कल्याणक, सर्व-जनीन उसका समूचा जीवन ही एक सुदीर्घ प्रार्थना होती है, जैसे :

समूची सत्ता
आकाश की
सिमट आती है एक बिन्दु पर।
स्वयं ही अपनी छाया में
समा जाती है वृक्ष की छाया।
ऐसे ही साकार होती है
प्रार्थना! **(वंशी)**

नारी सन्त भी उक्त गुणों, विलक्षणताओं, सिद्धियों से भरपूर अस्तित्व की अधिकारिणी होती है। अपने गुरुओं के दार्शनिक सिद्धान्त, चिन्तन-पद्धतियाँ, विचार-सरिणियाँ उनकी प्रेरक-उद्धारक बन जाती हैं, तो किन्हीं नारी सन्तों को स्वयं ही स्वतन्त्र रूप में अपना मार्ग ढूँढना-बनाना पड़ता है। पति का, परिवार का, समाज का आश्रय, संरक्षा-सुरक्षा के छिन जाने पर बाल विधवाओं, विधवाओं, परित्यक्ताओं, अपमानित करके घर से बहिष्कृत कर दिये जाने पर, निराश्रित कर दिये जाने पर, देवदासी बना दिये जाने पर ईश्वर या अल्ला की शरण में आने के सिवा जब और कोई विकल्प ही नहीं रहता तब सन्त बनी नारी अपनी आत्म-व्यथा को शब्दों के आवरण में लपेटकर कभी ढँके-उघड़े रूप में, कभी सुन्दर-सुघड़ रूप में गाने-रोने लगती है। अपने ईश्वर-अल्ला को पुकारने लगती है। कभी आत्म-मुग्धावस्था में बचपन से ही मातृत्व की नैसर्गिक प्रवृत्ति वश भगवान के बालरूप को अपना सर्वस्व बनाकर उसे ही अपना सर्वस्व सौंप देती है।

एक तरह से देखा जाये तो पुरुष सन्तों की भाँति, बल्कि उनसे भी अधिक विद्रोहिणी भूमिकाओं में नारी सन्तों को देख-पाकर समाज उनका शत्रु बन गया। उनकी उपस्थिति से समाज लज्जित-अपमानित भी हुआ है और उन्हें अपने चेहरे

पर लगे कल्मष की भाँति मिटा देने को उतारू हो गया। कई नारी सन्तों के जीवन से ऐसे प्रमाण मिलते हैं। मीरांबाई सबसे ज्वलंत प्रमाण है। राजघराने के सभी आकर्षणों-सुखों को त्यागने वाली, स्वयं की, समाज के सामान्य व्यक्ति के साथ पहचान जोड़कर निर्भय, निर-अहंकार हो आयी मीरां को कभी विष पिलाकर तो कभी सर्प से डंसवाकर मारने के प्रयत्नों को देखा जा सकता है। किन्तु राजघराने के या पुरुष समाज के अहंकार को इन नारी सन्तों ने बड़ी गहरी चोटें दी हैं, ताकि वे सुधर जायें। इतना ही नहीं, जड़ संस्कारी, अन्ध साम्प्रदायिक, धर्मों के नाम पर अधार्मिक, अधम-मानवीय कृत्यों, सजाओं, अन्यायों को, अन्याय दोहरे-तिहरे घेरों को नारी सन्तों ने तोड़ा है। इस टूटने की आवाजें ईसा पूर्व काल से लेकर आज तक आयी इन नारी सन्तों की वाणियों में सुनी जा सकती है। मोटे रूप में देखें तो, मध्य युगीन इन सन्तों-सन्तनियों के—हज़ारों की संख्या में त्याग-तप-होम के कारण भारतीय समाज एवं लोक में विकसित चेतना, जिनमें मिला महात्मा गाँधी, दयानन्द सरस्वती, विवेकानन्द सरीखे महात्माओं के तथा स्वतन्त्रता सेनानियों के बलिदान भी सम्मिलित हैं इन्हीं का सुफल है भारत का धर्म-निरपेक्ष लोकतन्त्र! समाजवाद का, समानता का, न्याय का संकल्प सामने रख कर, सत्व और सात्विकता को आगे बढ़ाने से देश-समाज विकास करेगा। स्थूल देह को, बाहरी अस्तित्व को स्वस्थ-सबल रखने के लिए कई अनपेक्षित-अन्ध स्वार्थी तत्त्व राह रोकेंगे, उन्हें निर्ममता से मार्ग से हटाने में संकोच न होना चाहिए। आन्तरिक सूक्ष्म, सत्व की रक्षा करके ही हम बाहरी स्थूल देह को सबल बनाये रख सकते हैं। व्यक्ति की भाँति समाज और राष्ट्र को भी संयोजित, संयमित, अनुशासित रखने के लिए अपने आत्म, परम-आत्म को सहेजना अनिवार्य होगा।

इस पुस्तक में 38 नारी सन्तों पर छोटे-बड़े लेख संग्रहित हैं, तो चालीसेक नारी सन्तों के उल्लेख भी हैं तथा आरम्भ में वेदकालीन ऋषि माताओं के नामोल्लेख मिलाकर एक सौ से अधिक ऋषि, विदुषी, सन्त माताओं का स्मरण हम कर रहे हैं। मध्यकालीन अन्य नारी सन्तों के नाम श्रीयुत—समानबाई, प्रताप कुमारी, चन्द्र कला, प्रताप बाला, सोढ़ी नाथी, रानी बांकावती, सुन्दर कुंवरि, गिरिजा कुंवरि, ब्रजभान किशोरी, सौभाग्य कुंवरि, बघेली रणछोड़ कुंवरि, बनीठनी, गवरीबाई, छजकुमारी, प्रिय सखी, फूलीबाई, जमना दासी आदि। इनके साथ ही सन्त दादूदयाल को शिष्य-परम्परा में जमुनाबाई, रानीबाई, रुक्मणी बाई, रम्भा माता, केशी बाई, रतनाई बाई, ताज बाई हुई हैं। सन्त चरणदास की शिष्य-परम्परा में सहजोबाई, दयाबाई के अतिरिक्त कुशलाबाई भी हुई हैं। सन्त श्री जसनाथ जी की शिष्य-परम्परा में उनकी शिष्य नेतलदे, तोलांदे, प्यारदे, गोरां जी आदि के नाम

मिलते हैं। किन्तु इनकी रचनाएँ उपलब्ध नहीं होतीं। इसी प्रकार कुछ अन्य नाम सुनने में आते हैं—रतना, करमा, झाली, पादू, चौंपामाता, रूखियांबाई, राम प्यारी आदि। नारी सन्तों के भी जन्म-स्थान-समय आदि तथा अन्य जानकारियाँ उपलब्ध न होना कोई आश्चर्य की बात नहीं, क्योंकि पुरुष सन्तों के ब्यौरे भी पूरे कहाँ उपलब्ध होते हैं। इनके चिन्तन, वाणी आदि के जितने जो विवरण हमें उपलब्ध हो सके उतने में ही सन्तोष करना पड़ा है। यहीं यह तथ्य भी ध्यान में ले आना होगा कि 'सन्त' और 'भक्त' का वैचारिक और व्यावहारिक भेद जो इधर मान लिया गया है, हम उसे नारी सन्तों पर लागू नहीं कर पा रहे। एक तो उनके समूचे इतिवृत्त तथा वाणी का अनुपलब्ध होना तथा इसी कारण यह निर्णय करने को उनकी चेतनागत विचार के विकास की अनभिज्ञता जैसे मीरां बाल्यकाल तथा विवाहावस्था तक, कृष्ण भक्ति में विलीन थीं किन्तु अन्त काल के वैचारिक विकास में सन्तों की वाणी में आयी अवधारणाओं का खुलकर प्रयोग करती है। सहजोबाई तथा दयाबाई भी कृष्ण के सगुण-निर्गुण रूप की आराधिका रही हैं। पुस्तक में जिन नारी सन्तों के जन्म काल का निश्चित समय ज्ञात हुआ, उन्हें उसी क्रम में रखने का प्रयास किया गया है। वैसे हमारा अधिक प्रयास अधिक से अधिक प्रमुख नारी सन्तों को पाठकों के समक्ष ले आना रहा है। इस प्रयास में हमें जहाँ, जिन ग्रन्थों से सहायता मिली है, हम उनके प्रति विनत मन से आभार मानते हैं। पाठक अपनी प्रतिक्रिया से उपकृत करेंगे!

—बलदेव वंशी

नारी सन्तों की वाणी में 'राम' और 'रामस्नेही!'

'सन्त संस्कृति' की चर्चा करते हुए हमें 'रामस्नेही' को भी समझ लेना होगा। वैसे यह प्रकट रूप में कोई उलझा-टेढ़ा पद नहीं है। कोई भी व्यक्ति, भक्त, विद्वान झट से कह उठेगा कि रामस्नेही का अर्थ है—जो राम को स्नेह करे, जो राम का भक्त हो, वही 'रामस्नेही' है। किन्तु यह पद इतना आसान-सरल भी नहीं, जितना और जैसा जाना जाता है। क्योंकि कबीर की एक साखी हमें गहरे सोच में डाल देती है :

शून्य मरै अजपा मरै, अनहद हू मरिजाय।
रामसनेही ना मरै, रहा कबीर समुझाय।।

इस साखी को पढ़ने के बाद रामस्नेही का उक्त अर्थ, जो सामान्यतः लिया जाता या लिया जा सकता है, वह अर्थ लेना कठिन ही नहीं, असंगत और त्रुटिपूर्ण हो जाता है। उक्त साखी में कबीर 'शून्य', 'अजपा', 'अनहद' को मरणशील बना रहे हैं और इनके सामने रामस्नेही को अमर, शाश्वत घोषित कर रहे हैं, तो बात बहुत गम्भीर हो जाती है। जितना सरल समझी जा रही थी, उतनी सहज-सरल नहीं रह जाती। 'शून्य' को ही ब्रह्म मानकर हजारों वर्षों तक कोटिशः ब्रह्मवादियों ने मुक्ति का विश्वास पाया, पाते रहे उनके इस विश्वास कि 'शून्य ही ब्रह्म' है—को कबीर मरणशील घोषित कर रहे हैं। 'अजपा' जाप को सन्त लोगों ने मुक्तिमार्ग में अत्यन्त सहायक, कल्याणकारी माना, नाम जप के माहात्म्य को कभी भी झुठलाया नहीं जा सका। जब सहज में साँसों के आने-जाने के साथ 'जप' स्वयं चलने लगे तो 'अजपा जाप' की सिद्धि प्राप्त हुई मानी जाती है। यह भी कोई सरलता से उपलब्ध होने वाली स्थिति या दशा नहीं है। किन्तु कबीर इसे भी मरणमय कह रहे हैं। 'अनहद'-नाद, 'नाद ब्रह्म' की सिद्धि, प्राप्ति की उपलब्धि के सम्बन्ध में भी संगीताचार्यों, ध्यानियों, साधकों को पता है कि आत्म-परमात्म, ज्ञान एवं मुक्ति-मोक्ष का यह भी एक मार्ग अत्यन्त प्रिय माना जाता रहा है। तब उसे भी कबीर मृणमय बताकर रामस्नेही को बड़ा दुर्लभ पद घोषित कर रहे हैं, तो कोई

इतनी आसान-सरल यह स्थिति नहीं है। हर कोई राम नाम का जप करके राम का स्नेह प्राप्त कर सकता है। यह बात अपने आप में गलत नहीं है। यह व्यावहारिक भी है और अर्थ संगत भी। किन्तु कबीर का रामस्नेही नितान्त भिन्न है। कबीर की परिभाषा अलग, भिन्न और गहरी है। यह उतनी सहज-सरल नहीं। 'रामसनेही न मरै'—इससे कबीर हमें क्या बताना चाहते हैं—'रहा कबीर समुझाय'—वह क्या समझाना चाहते हैं। जो हमारी समझ से बाहर है। आज तक जिसे हम नहीं समझ सके। उस स्थिति से, दशा से हमें परिचित कराना चाहते हैं। हमारी समझ को सुधारना चाहते हैं। इसलिए उन्हें उक्त साखी कहनी पड़ी। और यह साखी आचार्य हजारी प्रसाद द्विवेदी जी की पुस्तक—'कबीर' के सबसे अन्त में प्रकाशित हुई है। इस साखी के महत्त्व और गहनत्व की ओर ध्यान जाना स्वाभाविक ही था। हमारे ज़हन में यह रामसनेही पद अरसे तक गूँजता-स्पंदित होता रहा और एक समय स्वयं ही अपना आशय, अन्तरनिहित अभिप्राय और कबीर की चैतन्य भावना को प्रकट कर गया। हमने पाया 'रामसनेही'-'राम' जिसको स्नेह करे। राम को स्नेह करने वाले से आगे, ऊँचा, बड़ा, दुर्लभ सौभाग्य—राम द्वारा जिसे स्नेह किया जाये। राम का स्नेह पाना ही वास्तविक सौभाग्य है। यही साधना का सच्चा फल है। यही भक्ति का, योग का, कर्म का फल है। यह हमारे हाथ में नहीं। राम के हाथ में है। जिसे राम स्नेह करने लगते हैं, उसे चुन लेते हैं। वह फिर अमर हो जाता है। मरण को, मृत्यु को लाँघ जाता है। उसके सामने 'शून्य', 'अजपा', 'अनहद' फिर मात्र साधन बनकर रह जाते हैं।

यहाँ, उक्त सन्दर्भों में 'राम' का कबीर द्वारा लिया अर्थ भी समझ लेना होगा। कबीर के राम, जो कबीर को स्नेह करते हैं, जिससे कबीर 'रामस्नेही' बन गये, वह 'राम' कौन है। निश्चयतः वह राम सगुण नहीं, निर्गुण होना चाहिए, क्योंकि कबीर ने, जिस राम की भक्ति की है, वह निर्गुण, निराकार है। सर्वव्यापी है। अलख और निरंजन हैं। फिर हम यहाँ 'राम' की पहचान की बात क्यों उठा रहे हैं? इसका भी एक ठोस कारण है। कबीर ने तथा सन्तों ने सदा सृष्टि में व्याप्त राम को ब्रह्म को देखा-माना है। उसकी चिन्ता और सँभाल की बात की है। सारी सृष्टि में वह राम रमा हुआ है। व्याप्त है। कण-कण में विद्यमान है। तब यह सृष्टि, यह जगत राम का मूर्त रूप नहीं हो जाता! क्योंकि अन्यथा राम का मन्दिर में मूर्तिरूप में विराजमान रूप कबीर आदि सन्तों को स्वीकार नहीं। राजा दशरथ के पुत्र राम को वे सन्त लोग नहीं मानते। जगत में व्याप्त, सृष्टि में रमे हुए राम उन्हें स्वीकार हैं। यही सन्तों की विशिष्ट सोच, साधना तथा भक्ति की विलक्षणता है। कबीर की साखी है—

सुर नर मुनिजन औलिया, ये सब उसली तीर।
अल्ला राम का गम नहीं, वहाँ घर कियो कबीर।।

यहाँ भी अपने घर—वास्तविक ठौर-ठिकाने का पता बताते हुए कबीर अल्ला, राम के जाने-माने सगुण रूपों की पहुँच से परे अलख-निरंजन रूप से भिन्न अपना घर होने का कथन कर रहे हैं। तो निश्चयतः उनका 'राम' भी विशिष्ट चेतना का अधिष्ठाता है। वैसे भी सगुण राम के उपासकों द्वारा दलितों, शूद्रों को मन्दिरादि में प्रवेश तथा वेदादि अध्ययन से वंचित कर दिया गया, बाहर बैठा दिया गया तो स्वाभाविक था कि उन्होंने (सन्तों ने) माना कि चलो मन्दिर के भीतर का सगुण राम तुम्हारा हुआ तो बाहर का निर्गुण राम हमारा हुआ। निर्गुण को हम ले लेते हैं। अतः सन्तों द्वारा निर्गुण राम का जप और ध्यान, भक्ति, अधिकांशतः शूद्र एवं निम्नवर्ग से आये सन्तों के हिस्से में आयी। और कबीर इस निर्गुण राम (जो सत्, रज, तम इन तीन गुणों में नहीं बँधा हो, मनुष्य रूप में नहीं जन्मा हो) की (ब्रह्म की) पहचान भी बताते हैं :

जिसके मुँह माथा नहीं, नाही रूप अरूप।
पुहुप बास ते पातरा, ता ये तत्त्व अनूप।।

स्पष्ट ही जिसका कोई मुँह नहीं, माथा नहीं तथा कोई रूप-रंग नहीं—अर्थ जो मनुष्य रूपधारी नहीं है। तथा जो फूलों की सुगन्ध से भी अधिक सूक्ष्म है। इस कारण वह अनोखा तत्त्व-रूप है। उस राम को कबीर और सन्त मानते-जपते हैं। उसका ध्यान करते हैं। ऐसी अनोखी, अनूठी सोच और परिस्थितियों में कबीर किस राम की ओर हमारा ध्यान दिलाना चाहते हैं। वह कैसा स्नेही है। और वह जिसे चुन लेता है, स्नेह करता है, तो वह व्यक्ति अमर हो जाता है। उक्त चर्चा, विश्लेषण के उपरान्त कह सकते हैं कि वह पूरा लोक, मनुष्य पशु-पक्षी, प्रकृति आदि सब मिलकर 'राम' हैं। ये सब जिसे चुन लेते हैं, वही 'रामस्नेही' है। वही अमर हो जाता है। वही सदैव के लिए लोकमानस, लोकचित्त में अंकित हो जाता है। क्योंकि लोकमानस का सामूहिक आत्म परम-आत्म है, इसलिए उसके द्वारा चुना जाना, स्नेह का पात्र सिद्ध होना ही सच्ची अध्यात्म अनुभूति का पुरस्कृत होना है। इन अर्थों में बुद्ध, महावीर, महात्मा गाँधी भी रामस्नेही हैं। अमर और शाश्वत हैं। आत्मा क्योंकि निराकार-निर्गुण है तब परम-आत्मा भी निराकार निर्गुण है और राम का वास्तविक स्वरूप-आकार है। रूढ़ पूजा-पद्धतियों द्वारा स्वीकारा हुआ मूर्त्त, दशरथ-सुत राम नहीं, सार्वभौम, सार्वकालिक, सर्व-सुलभ, लोकरम्य रूप है। यही 'रामस्नेही' है!

नारी सन्त : 'स्वच्छन्दता' का वास्तविक अर्थ

स्वच्छन्दता का अर्थ उच्छृंखलता नहीं, बँधकर मुक्त होना है। यह बँधना किससे? स्वयं से। अपने 'स्व' से। बाहरी, पराये बन्धन भारी और दुखद होते हैं, जबकि स्व-विवेक से स्वीकार किये हुए सुखद व प्रिय। वैसे बँधना कोई किसी भी रूप में नहीं चाहता, फिर भी बिना बँधे गति नहीं, मुक्ति नहीं, बिना बँधे जीवन भी नहीं :

कैसी है सृष्टि की परम्परा
कैसी है सृजन की परम्परा
कि नदी भी
अपने लिए दो किनारे बनाती है
तभी बह पाती है।

—(बलदेव वंशी)

समूची सृष्टि और सृजन की परम्परा भी स्वयं को स्वयं ही सत-असत, जन्म-मृत्यु के दो छोरों में बाँधकर ही अस्तित्व में आती है। दो तटों के बिना नदी, नदी ही नहीं रह जा सकती। और जीवन भी जन्म और मृत्यु के दो छोरों में बँधकर ही रूप-आकार लेता है, फिर चाहे सुख-दुख हों या ख़ुशी-ग़मी इन्हीं का लेखा-जोखा महत्त्व रखता है। जीवन कहलाता है। अतः स्वच्छन्दता के लिए अपने ही कारणों से बँधना, सीमा बनाना अति आवश्यक है। फिर इतना तो बाहरी जीवन के लिए हुआ। मनुष्य की गरिमा, सम्मान और विकास के लिए उसका अन्तःजीवन-पक्ष और भी अधिक की माँग करता है।

ऋग्वेद में एक छन्द का उल्लेख है। आत्म छन्द कर। पाँच ज्ञानेन्द्रियाँ, मन और प्राण—इन सात पंखुड़ियों वाले पुष्प को छन्द कहा गया है। तथा जो व्यक्ति इन उक्त सात पंखुड़ियों वाले पुष्प को स्वायत्त कर लेता है, इन्हें अपने अधीन कर लेता है, वही स्वः-छन्द कहलाता है। यानी इन्द्रियों, मन और प्राण पर अपने अधिकार के कारण कोई भी व्यक्ति स्वछन्द हो जाता है। और जो व्यक्ति स्वच्छन्द हो जाता है, वही स्व + स्वाधीन (स्वाधीन) होता है। तथा जो स्वाधीन हो जाता

है, वही व्यक्ति स्वतन्त्र होता है, वास्तविक अर्थों में। तदोपरान्त वही व्यक्ति तब केवल अपनी धरती पर विचरण करता, स्थित रहता है। किसी शासक, राजा की धरती पर नहीं रहता। तो, देखें स्वच्छन्दता कितना बाँधती और मुक्त व खाली करती है? भारत यदि शिक्षा-गुरु था, विश्व का तो इन्हीं कमायी गई स्वच्छन्दता के कारण। भारतीय मनीषा ने ये ऊँचे आदर्श स्थापित किये, स्वयं अपने को कसौटी पर कसा, बाँधा, तब स्वच्छन्द एवं मुक्त हुई, मुक्त किया। भारतीय नारी भी ऋषियों, महात्माओं, सन्तों के इन आदर्शों को अपने लिए श्रेयस्कर भी मानती रही है और प्रेयस्कर भी, तभी वेद काल में उसने पुरुषों के समकक्ष बैठकर समानता प्राप्त की तथा कहीं-कहीं तो आगे बढ़कर मार्ग भी प्रशस्त किया। ऐसे उदाहरण हमारे वाड्मय में भरे पड़े हैं। कल भी और आज भी भारत में ऐसी स्वच्छन्दता के अनेक उदाहरण मिल जाते हैं; भले ही बहुत विरल ही सही। अंग्रेजों के शासनकाल में देखें तो बाल गंगाधर तिलक, लाला लाजपत राय, बिपिनचन्द्र पाल हों या गाँधी, या साहित्यकारों में माखनलाल चतुर्वेदी, सुभद्रा कुमारी चौहान, चन्द्रशेखर आजाद, भगतसिंह आदि अनेकानेक उदाहरण उक्त कथन को प्रमाणित कर रहे हैं।

तब आज भारतीय नारी को यदि सही अर्थों में स्वच्छन्द-स्वाधीन, स्वतन्त्र होना है, तो उसे अपने आत्मछन्द को अर्जित करना होगा। पुरुषों के लिए भी तथा समाज को नेतृत्व देने वाले व्यक्तियों को भी यह स्वच्छन्दता अपने चरित्रों द्वारा प्रमाणित करनी होगी और भारतीय तथा विश्व-मानव के लिए भी इस स्वच्छन्दता का प्रत्यक्षीकरण करना होगा। भारतीय नारी, आज पश्चिम की नारी के पद-चिन्हों पर, उसके द्वारा उछाले गये नारों पर आँखें मूँदकर चलने को तत्पर दीख रही है। सस्ते में आज़ादी बटोरकर आज़ाद हो जाना चाहती है। जो कि वास्तव में आज़ादी नहीं, स्वच्छन्दता भी नहीं, उच्छृंखलता है। वह सारी सड़ी-गली बन्धनकारी, हीनता में बाँधने-जकड़ने वाली शृंखलाओं को तोड़-फेंकने के साथ अपनी अर्जित की हुई अतीत सम्पदा से भी मुँह मोड़ लेना चाहती है। भले ही अनजाने ही, किन्तु अनजाने में की गई गलतियों के लिए उसे फिर से सदियों तक पशुता की स्थितियों में बँधना पड़ सकता है। जबकि इक्कीसवीं सदी की जागृति-चेतना इन गलतियों की कोई गुंजाइश नहीं देती।

भारतीय नारी को, सभी जाति-वरण-सम्प्रदाय की नारी को आज ज्ञान-आत्मज्ञान अर्जित करने की समानता अर्जित करने पर अपना पूरा ध्यान केन्द्रित करना चाहिए। उसे देखना यह होगा कि वह कौन-सी चीज थी, जिससे उसे वंचित कर दिया गया। पूरे नारी वर्ग को, किसी भी जाति-वर्ण-सम्प्रदाय की क्यों न हो अर्थात्

ब्राह्मण, क्षत्रिय, वैश्य और शुद्र–सभी को वेद-ज्ञान से वंचित कर दिया गया। दलितों (शूद्रों) को तथा उनकी नारियों को ही नहीं तथाकथित शेष तीन ऊँची जातियों की नारियों को भी इस ज्ञान से वंचित कर दिया गया। अर्थात्, ब्राह्मणी, क्षत्राणी तथा वैश्य नारी को भी इस ज्ञान (वेद-अध्ययन-मनन) से वंचित रखकर ही पशुतल पर उतार दिया गया था। ताकि वे अपनी वास्तविक, मानवीय–आत्मिक–स्थिति एवं गरिमा को भूल जायें। दलित पुरुषों के साथ भी यही अन्याय किया गया। दोनों के पीछे कारण एक जैसा ही है। स्वयं के लिए श्रेष्ठी जनों ने वे सारी आत्म-ज्ञानात्मक सुविधाएँ सुरक्षित कर लीं; शासन, अनुशासन, सत्ता-व्यवस्था के सामाजिक-आर्थिक-न्यायिक संचालन की। ऐसे सभी नारियाँ, ब्रह्माणियाँ क्षत्राणियाँ, वैश्य, शूद्र-नारियाँ मात्र 'पशु', 'गुलाम', 'पाँव का जूता' बनकर रह गयीं।

तब आज की स्थिति में भारतीय संसद द्वारा दिये जाने वाले संवैधानिक सशक्तीकरण (तैंतीस प्रतिशत के सांसद चुने जाने के अधिकार) के उपरान्त क्या भारतीय नारी को सन्तुष्ट या प्रसन्न होकर बैठ जाना होगा। भारत की नारी आज भी गाँव-देहात में नारकीय स्थितियों में जी रही है। दलित नारियाँ तो और भी अधिक कुंभीपाक में पड़ी यातनाएँ सहने को बाध्य हैं। वे तो दलितों की भी दलित हैं। दो-चार प्रतिशत शहरी महिलाएँ थोड़ा पढ़-लिखकर स्वयं को छुट्टा, मुक्त, आज़ाद, उच्छृंखल मानकर कई प्रकार की आज़ादियों की माँग कर रही हैं। वे अपनी और समूचे नारी वर्ग की नरकीय स्थितियों की ओर देखना भी नहीं चाहतीं। और फिर जिन आज़ादियों की वे माँग कर रही हैं, वे आधी-अधूरी हैं। पूरी आज़ादी और बराबरी स्वच्छन्दता के आत्मछन्द के अर्जित करने पर प्राप्त होगी। और फिर तैंतीस नहीं, शत-प्रतिशत आज़ादी और अधिकार उन्हें उपलब्ध करने होंगे। उन्हीं पर नज़र रखकर बढ़ना होगा। यह ध्यान देने की बात है कि उन्हें पराधीन, गुलाम, पशु पहले भीतर से ही बनाया गया था। उसके बाद दलितों और नारियों ने बाहरी पराधीनता तो स्वयं ही स्वीकार कर ली। अब यदि स्वयं को सच्चे अर्थों में स्वच्छन्द, स्वाधीन, स्वतन्त्र करना है तो पुनः भीतरी-आत्मीय, पूरी, स्वतन्त्रता, समानता के लिए वेद-ज्ञान-आत्मज्ञान का मार्ग चुनना होगा।

कुछ नारियाँ और नारी विमर्श चलाने वाले विद्वान अपने अधकचरा सोच, मात्र भौतिक समानताओं के लिए संघर्ष (जिसमें यौन और अर्थ की स्वतन्त्रता की छूट सम्मिलित है) को ही प्रमुख और सम्पूर्ण उपलब्धि मानते हैं। क्या वे इस बात का उत्तर देंगे कि जिन देशों तथा समाजों में, पश्चिमी समाज को ही ले लें, जहाँ यौन एवं अर्थ तथा सत्ता-व्यवस्था में समानता के अधिकार नारी को प्राप्त हैं, वहाँ की नारी क्या सन्तुष्ट है? समानता एवं गरिमा की अनुभूति पाती है? वहाँ, उन

समाजों में हर रोज, हर पल तलाक और बलात्कार और हर प्रकार के तनावों में क्या वे बेहाल और परेशान नहीं हैं? अतः नारी को पूरी आज़ादी, स्वच्छन्दता समानता पानी है, तो अपनी देह, मन, चेतना (आत्मा) के तीनों तलों पर स्वच्छन्द होकर पूरी स्वतन्त्रता के लिए प्रयासरत रहना होगा। नारी सशक्तीकरण के संवैधानिक प्रथम चरण के बाद अगला चरण 'स्वच्छन्दता का होना चाहिए। अभी से ही अगले चरण पर दृष्टि होनी चाहिए। अन्यथा शत-प्रतिशत राजनीतिक स्वतन्त्रता प्राप्त करके भी गुलाम मानसिकता में जीते हुए वर्तमान भारत से उसकी स्थिति बेहतर नहीं होने वाली। स्वातन्त्र्योत्तर काल में हिन्दी में कवयित्रियों की नारी चेतना का विश्लेषण दिया जाना ज़रूरी है, ताकि नारी सशक्तीकरण के बाद उसे किस या किन दिशाओं में आगे बढ़ना है, यह स्पष्ट रूप में सामने रह सके। आज़ादी के सपनों के बीच नारी अपनों द्वारा ही किन हीन-निम्न दशाओं को पहुँचा दी गयी, उन दशाओं-स्थितियों को मिटाकर सन्त नारी द्वारा दिखाई गयी स्वच्छन्दता, की भारतीय अवधारणा को साकार किया जा सके।

सन्त संस्कृति और उत्तर-आधुनिकता

सन्त तो परमात्मा से भी कुछ नहीं माँगते। वे देते ही देते हैं। आँखों वाले अन्धे, करोड़ों लोगों को आनन्द की आँखें देते हैं। लेते हैं यदि तो दुनियाभर की, जड़-चेतन सब की बलैयाँ लेते हैं। उनकी सारी पीड़ाएँ अपने ऊपर लेते हैं। 'आरति उतारना' या 'आरति वारना' का यही वास्तविक अर्थ है। आरत से 'आरती'। आरती के थाल में, जगमग ज्योतियों भरे पात्र से प्रभु की आरती उतारना! अपनी ही रोम-रोम जगी स्फूर्णो-सजी मानो समूची देह को स्वयं ही अपने दोनों हाथों में लिए परमात्मा की नज़र उतारकर उसकी बलैयाँ अपने ऊपर लेते भक्तगण! हाँ, सचमुच! आरती के थाल को परमात्मा की मूर्ति के चरणों में चार बार, नाभि-प्रदेश में दो बार और मुखमण्डल पर एक बार—यानी सात बार दक्षिण से बायीं ओर वारना-घुमाना और फिर समूची प्रतिभा की पुनः सात बार आरती उतारना। कुल चौदह बार। आशय यह है कि धरती से नीचे के जीव-जन्तु—जलचर आदि की विपत्तियों को, धरती से ऊपर भू-चर पशु-पक्षी-मानव तथा चेतन-जगत्—चींटी, मक्खी आदि तथा नभ-चर प्राणियों की—इन सबकी विपत्तियों, दुःखों को अपने ऊपर लेने की भावपूर्ण संकल्पना—यदि सब मानव-प्राणी करें तो धरती ही स्वर्ग से उत्तम हो जाये। कोई किसी को कभी दुःख देगा नहीं। सब, सब की बलाएँ उतार, अपने ऊपर लेने को तत्पर हों, तो दुःख रहेंगे ही कहाँ? अतः सभी सन्त-सम्प्रदायों में आरती वारने या आरती उतारने की परम्परा के पीछे यह सर्व-जीव-कल्याणी परम्परा विद्यमान है। गुरु नानक देव ने अपने एक सबद में तारों से जगमगाते हुए रात्रि के आसमान को आरती के थाल के रूप में माना है। अतः सन्तों (भक्तों) की पुरातन परम्परा मनुष्य की आत्मशक्ति को, आत्म-ज्योति को जगाने और उस ज्योति को सर्वत्र, सर्व-सुलभ करने की रही है। इसी जागृत आत्मा द्वारा परम-आत्मा से जुड़कर—योग करके वह स्वयं भी महा-आत्मा, परम-आत्मा, बन सकता है।

सन्त प्रत्येक उपेक्षित, दलित तथा लघु को उसकी सामाजिक उपादेयता,

अस्तित्व एवं महत्ता सौंपते हैं। उसे बाहर की निर्धनता से परावर्तित कर भीतर की महिमा का दीदार कराते हैं। यहीं पर सन्त मार्क्सवाद से आगे और ऊँचे अध्यात्मवाद की वास्तविक मानवीय सम्पदा की चेतना को जागृत करके आर्थिक एजेंडा नहीं, सार्थक अस्तित्वगत मापदण्ड सामने लाकर अभावग्रस्त, निर्धनों को भ्रष्ट भौतिक धनिकों पर हँसना सिखाते हैं। यह बुद्ध की नैतिक दृष्टि का जागरण है, कथित धार्मिक किन्तु व्यवहारतः अनैतिक दृष्टि-आचरण का निषेध है। बुद्ध आत्मा, परमात्मा, जगत् आदि की ओर न देखते हैं, न चर्चा करते हैं, वह तो मूल, मौलिक, मानवीय जीवन-संवेदनों को लक्षित करते, सँजोते, सँभालते हैं, जो अस्तित्व की बुनियादी जरूरतें हैं, और जिनसे नैतिक कर्म की चेतना का जन्म और विकास होता है। उस धर्म-आत्मा, परमात्मा, जगत् आदि को वह जानना ही नहीं चाहते, जो नैतिकता-विहीनता में मात्र जातीय, वर्णवादी अनैतिकता की अहंकारिता को जन्म देता है, जो धरती पर महायुद्धों की मानवी बर्बादी का कारण बन रहा है। ऐसा धर्म और धार्मिक विश्वास जो मानव, मानवीयता और मूल महत् आस्तित्विक आधारों के विरुद्ध जाने के कपाट खोले, उसकी पुरातन-कालीन उच्च ध्वज-दण्डिकाओं, फहरते रक्त-रंजित ध्वजों को बुद्ध किसी हाल में देखना-फहराना नहीं चाहते। अतः ऐसी अहंकारिता, महानता, समृद्धि को सन्त हेय बताते हैं। वे उस साधारणता, सामान्यता, सहजता, सरलता को प्रश्रय देते हैं, जो मानवीयता की रक्षा, सुरक्षा एवं संरक्षा को सुनिश्चित करती है। उत्तर आधुनिकता की दृष्टि भी इन्हीं लक्ष्यों की ओर दृष्टि जमाये रहती है।

'सन्त संस्कृति' एक जीवन शैली, एक पद्धति है, जो स्वयं में मुक्त व्यक्तियों की विमुक्त सोच, चिन्तन और चिन्तना को अधीष्ठित करती और परवान चढ़ाती है। रूढ़ अर्थों में जड़ विचारों, विचारधाराओं से भी मुक्त (Dynamic), स्वतन्त्र-चेता मानस की माँग है। निर्भय और स्वायत्त। अपनी पंचेन्द्रियों, मन और प्राण का संयुक्त सात पंखुड़ियों का पुष्प (ऋग्वेद में एक छन्द विशेष)। जिसे स्वायत्त करने वाला—छन्द को अधिगृहीत करने वाला—स्वच्छन्द कहलाता होता है। और स्वच्छन्द ही स्वाधीन होता है। तथा स्वाधनी (स्व+अधीन) ही स्वतन्त्र (स्व+तन्त्र) होता है। ऐसा स्व-तन्त्र व्यक्ति—अपनी चेतना-धरा पर रहता है। निर्भय निर्लिप्त। सन्त संस्कृति इन्हीं अर्थों में स्वच्छन्द-मुक्त व्यक्तियों की रचना करती है। वे भावी विश्व-रचना के नागरिक हो सकते हैं। उपनिवेशवादी-उत्तर उपनिवेशवादी विमर्शों को उक्त स्वायत्त-स्वतन्त्र चिन्तन—चयन आधारों पर सन्त ध्वस्त करते, आत्मिक-आन्तरिक स्पंद-संवेदन झंकृत करते हैं और प्रकृत-ऋतु् की संगति में झूमते, गाते और जीते हैं। इसे सूफियाना जीवन-गीत-संगीत के साथ झूमना-नाचना

खूब रास आता है। भाता है। सूफी सन्त हों या वैष्णव-शैव-शाक्त-बौद्ध-जैन सन्त ये पुराने सभी प्रकार के खूँटों को तोड़ने के पक्षधर होते हैं। नये किन्हीं खूँटों से बँधने-बाँधने से मुक्त हैं जो बँधते-बाँधते हैं, वे सन्त नहीं हो सकते।

वैसे तो धर्मों, धार्मिक विचार-दर्शनों की प्रतिबद्धताएँ उत्तर आधुनिकता के नकार के निशाने पर हैं, किन्तु बौद्ध चिन्तन अपनी रूढ़ियों से हमें मुक्त रखता है। जो जितना मुक्त होगा वह उतना ही सन्तई को जीता हुआ आनन्दित और नयी युगीन संवेदनाओं का संरक्षक और पक्षधर भी होगा। उतना ही सही अर्थों में उत्तर आधुनिक। अपनी मूल मानवीय पहचान को सार्थक करता हुआ।

यहाँ यह भी ध्यातव्य है कि उत्तर आधुनिकता की पाश्चात्य अवधारणा भी उन्हीं और उतने अर्थों में वैश्विक पारिस्थितिकी की दृष्टि से बनी, अप्रासंगिक और एकपक्षीय है, जितनी वह नैतिक कर्मशीलता, जिसे आध्यात्मिकता कह सकते हैं, से दूर या अछूती है; क्योंकि पश्चिमी सोच की उत्तर आधुनिकता जिस नव-उदारवादी वृहद् पूँजीवादी उड़न-खटोले पर सवार हो मानवीय नैतिकता, नैतिक कर्मशीलता, आध्यात्मिकता को बर्बरता के पैरों-तलों रौंदने में ज़रा भी गुरेज़ नहीं कर रही। मीडिया, साम्राज्यवाद तथा तकनीकी वर्चस्ववाद की हौंस में उसने नव मानवतावादी सम्भावनाओं को बुरी तरह कुचल दिया है तथा नयी विश्व व्यवस्था के नक्शे पर कालिख पोत दी है। सूचना-संचार क्रान्ति की मानवीय आकांक्षाओं के पंखों को अपने निबिड़ स्वार्थों के तमगों से बाँधकर, बधिया कर दिया है। उत्तर आधुनिकता की 'जड़ों की ओर वापसी' के आग्रहों के विरुद्ध पश्चिमी मीडिया-सूचना-संचार तन्त्र स्थानीयता की स्रोतस्विनी स्थानीय भाषाओं तक की जड़ें काटने में अपनी धूर्त नीतिमत्ता का छद्म कार्यान्वयन कर रहा है, जो अनैतिकता का एक चरम रूप है। ऐसे में कम-अकली बौद्धिक भी भ्रमित या अति चतुराई में भाषाई मोर्चों पर पस्त नज़र आते हैं।

नारी सन्त वाणी : भाषा, शैली और प्रासंगिकता

सभी सन्तों ने अपने-अपने प्रदेशों की जन-भाषाओं में अपनी वाणियों का प्रसार किया है और जन-साधारण से सीधा नाता जोड़ कर उन्हें अपने आत्मिक 'स्व' के दायरे में प्रवेश किया है। गरिमा प्रदान की और मुक्त किया है। आत्मवान बनाकर बड़े मानवीय संघर्षों में प्रवृत्त किया है।

नारी सन्तों ने भी और एक पग आगे बढ़कर अपने-अपने समाजों के पुरुष-वर्ग के विरुद्ध भी नारी आत्मा के उत्पीड़न और प्रताड़ना की आवाज को बुलन्द करने की खातिर जन-साधारण की भाषाओं को अपनाया, उन्हें अपनी वाणी और उपदेशों से समृद्ध किया। लल्लेश्वरी (ललद्यद) ने इस दिशा में पहल कर के जन-साधारण की भाषा को प्रश्रय और गरिमा देने वाली इस प्रवृत्ति को सिद्धान्त का रूप देने में पहल की है, क्योंकि ललद्यद से पहले (कश्मीर में) संस्कृत और फारसी भाषाएँ शासन-प्रसासन एवं श्रेष्ठीवर्ग को भाषाएँ रहीं, वहाँ ललद्यद ने काश्मीरी भाषा में जो जन-साधारण की, अपने सुख-दुख कहने की भाषा थी, उसे अपनाया। कश्मीरी उनकी माँ-बोली थी, जिसमें अपनी माँ को पुकारा जाता है। ललद्यद ने भी इसी कश्मीरी भाषा में वृहत्तर समाज की चेतना तक अपनी वाख (वाक्) को पहुँचाया।

मध्ययुग में सन्तों ने लोक के श्रुतिमूलक ज्ञान का आश्रय-आधार स्वीकार किया और शास्त्र के विपरीत लोक की आकांक्षाओं-वेदनाओं को उन्हीं की भाषा (जन-भाषा) में, उन्हीं के बोध-स्तर पर उतर कर संवाद स्थापित किया। उनके समकक्ष बैठकर दुःख-दर्द बाँटा। यह लोक ही तब राम बन गया, कृष्ण बन गया, शिव बन गया। वास्तव में, यह लोक साहित्य ही सन्त साहित्य का इतिहास भी अपने भीतर छुपाये हुए है। सन्त-साहित्य का अभी, इस परिप्रेक्ष्य से अन्वेषणा-मूल्यांकन हुआ ही नहीं। सन्त-साहित्य की सामाजिक भूमिका भी अभी तक अनुद्घाटित है।

नारी सन्तों की चिति में लोक साहित्य की मनोवैज्ञानिक सम्पदा, भव्यता, गरिमा तथा ऊर्जा आत्मकथात्मक शैली में फूट-बही। अन्यथा अधार्मिक-रूढ़-भय

सामाजिक-भय, राज्य-भय, नैतिक बन्धनों का समवेत-भय अपने समूचे संश्लिष्ट आकार-प्रकार में मध्य युग में इतना उग्र-उदग्र-पर्वताकार रूप में स्थित था, कि बड़ी-बड़ी वैचारिक-आक्रामक आँधियाँ भी टकराकर ढेर हो गयीं। सन्तों की अकेले-दुकेले की तो क्या हस्ती!

नारी सन्तों के भी न कोई गुरु हुए न परम्परा। केवल ज्ञान-संवेदन—लोक की गोद में पले-बढ़े इन सन्तों ने अपनी व्यक्ति-वाचक संज्ञाओं में लोक और उसकी आत्मा को सहेजा और अपने-आप में लोक-समुदाय का विश्वास धारण कर विराट-व्यक्तित्व हो गये। राममय हो गये। राम हो गये। सत् का आश्रय पा सत्यांश को विकसित कर सत्यरूप हो गये। पश्चिमी चिन्तन इस रूप में लोक-समुदाय की चिति में नहीं ढला। जिस रूप-प्रकार से भारतीय अध्यात्म-चिन्तन सन्तों की चिति एवं वाणी में ढलता गया है। सन्तों ने धर्म को आत्मा को सहेजा तो बाहरी अस्तित्व की भी अनदेखी नहीं की। आधि तथा आत्म—दोनों को सुधारने-सँवारने पर बल दिया, स्वयं को मूर्ख, खल, कामी कहकर रुके नहीं, आगे बढ़े और सुधारा। उनका मुख्य सरोकार धरती पर जीवन-अस्तित्व को सुधारना, सँवारना, संवेदनशील बनाकर संरक्षित करना रहा है। पश्चिमी संस्कृतियाँ जहाँ भौतिक पर बल देती रहीं, वहाँ भारतीय संस्कृति आत्म पर; जिसमें भौतिक भी समाहित रहा है। अतः सन्तों ने अद्वैत नहीं, उस अद्वैत की दिशा पकड़ी जो आत्म को भौतिक-जीवन-उन्मुखी बनाकर उस नये रूप में ढालने का प्रयास करता है। नारी सन्तों का सृजन भी सर्वतः मुक्त है। प्रौढ़ है। भव्य है। जैसे अविभाजित सकल धरा और अखण्ड अनन्त आकाश। वह अन्तरालों को मात्र दिखाता नहीं, उन्हें भरता है, वह स्वयं इतना मुक्त है कि राम को भी मुक्त कर देता है—जन्म-स्थान अयोध्या से, राज-परिवार रघु एवं दशरथ से, राजभवन से, और सब लोगों का, सब स्थानों का, सब समयों का तथा श्वास-श्वास में बसा राम बना देता है। सन्तों का सृजन अपनी प्रौढ़ता में (वेद-संवेद-संवेदना) वैदिक-पौराणिक मिथकों को भावी मानवीय संवेदनीय जीवन के लिए दिशा-निर्देशक बनकर उपस्थित होता है। उसमें वेद (ज्ञान, आत्मज्ञान) की प्रौढ़ता, युगों के अन्तराल में घटित मूर्खताओं जातिगत, सम्प्रदायगत, रूढ़िवादी विचलनों से सावधान कर के मानवीय समकक्षता, समता, आत्मीयता में व्यक्ति को स्थित करती है। सन्त वाणी—क्योंकि वह भाषा में मात्र कविता नहीं, वाक् की—हृदय की वैखरी में उतरी चेतना है, इस कारण वह भव्यता में अद्वितीय है। सभी प्रकार के भेदों, भिन्नताओं को मिटाता मानव और उसकी वास्तविक सत्ता को भगवान से भी ऊँचा, ऊपर स्थापित करता है, जहाँ भगवान भी मानव का मुखापेक्षी बन जाता है। कबीर कहते हैं :

कबीरा मन निर्मल भया जैसे गंगा नीर।
पीछे पीछे हरि फिरै, कहत कबीर कबीर।।

संत रैदास कहते हैं :

मन चंगा तो कठौती में गंगा।

सन्त मलूक का कहना है :

माला जपौं न कर जपौं जीभ्या कहों न राम।
सुमिरन मेरा हरि करै मैं पायो विसराम।।

वहीं आंडाल भगवान की शासिका बनी बैठी है। हुकुम चलाती है और भगवान उसे मानते हैं।

सन्त दादू हों या सन्त पलटू हों, ललद्यद हों या मीरा सभी ने परम-आत्मा को अर्जित कर मनुष्य की अद्वितीयता का गीत गाया है। ऐसी भव्यता सन्तों के सृजन में वाणी में, सब के लिए सुलभ है। भारतीय जन इस दृष्टि से बड़े भाग्यशाली हैं कि एक लम्बी परम्परा, सन्त मालिका, हमें सुलभ है, उपलब्ध है। जो आत्म-अध्यात्म प्रकाश के बल पर वर्तमान अँधेरों में से हमें बाहर ला सकते हैं। मुक्ति दिला सकते हैं। स्वयं के ओढ़े हुए छल, छद्म, ढोंग, दिखावे और मक्कारी-फरेब, हत्या-हिंसा के दलदल से निजात पाने के लिए हमारे सन्त पूरे विश्व के त्राणकर्ता हो सकते हैं। ज़रूरत है सन्तों की वाणियों के धर्म-सम्प्रदाय की हदबन्दियों से बाहर लाकर, खुले दिल-दिमाग से अपनाने की।

काव्य अपनी स्वायत्त प्रकृति के कारण बाहरी वैचारिक प्रतिबद्धताओं को स्वीकार नहीं करता। यदि करेगा तो स्वायत्तता क्षीण और क्षय हो जायेगी। इस प्रकार काव्य धर्म के अन्तःप्रसारों, परिसरों का तो अनुमोदन करता है, सहायक होता है, किन्तु उनकी वैचारिक प्रतिबद्धताओं और सांःस्थानिक जुड़ावों को अस्वीकार कर देता है, क्योंकि वह सामाजिक रूढ़ परिपाटियों के जुए में, बन्दिश में बँधना ज़रा भी सहन नहीं करता। इन्हीं कारणों से राजनीति के साथ उसकी ज़रा भी नहीं बन आती। धार्मिक काव्य को, काव्य की कसौटी पर खरा न पाकर, इसी कारण विद्वान लोग महत्त्व नहीं देते या कम महत्त्व देते हैं।

किन्तु यहीं यह तथ्य स्वीकार करना चाहिए, भले ही थोड़ा कम अंशों में कि सन्त काव्य, भक्तों के काव्य की अपेक्षा अपनी आन्तरिक स्वायत्तता में अधिक मुक्त होने के कारण गुणों के आधार पर न सही, अपने मुक्त प्रकृति के आधार पर श्रेष्ठ एवं स्वायत्त होता है। सन्त, क्योंकि किसी धर्म, सम्प्रदाय, ग्रन्थ या गुरु से (आचारगत रूढ़ियों से) प्रतिबद्ध नहीं होते, जैसा कि भक्त होते हैं, इस कारण वे तथा उनका काव्य भी उतने अंशों-अर्थों में स्वायत्त होकर अपनी प्रकृति-सृष्टि

के निकट होता है। इसी कारण सन्तों ने गद्य की अपेक्षा पद्य (काव्य) में अपनी बात कहना ज़रूरी समझा। जहाँ उनके काव्य को परा लोक से सीधे हृदय में उतरा हुआ—वाक् माना जाता है और 'वाणी' कहा जाता है; वहीं भक्तों के काव्य को प्रायः 'वाणी' का रुतबा नहीं मिला। महान साधु एवं भक्त तुलसीदास एवं सूरदास के काव्य को विद्वानों ने काव्य कहा, तुलसीदास जी द्वारा प्रयुक्त छन्दों को 'दोहा', 'चौपाई' कहा गया। वहीं कबीर, रैदास, दादू, मलूक आदि द्वारा प्रयुक्त इन्हीं छन्दों को 'साखी' एवं 'पद' कहा गया, सम्भवतः इस कारण कि सन्तों ने किसी ग्रन्थ, गुरु, सम्प्रदाय की अपेक्षा सीधे 'वाक्' को और अपनी 'अनुभूति' को साक्षी माना। कहना न होगा कि भक्त तुलसीदास तथा सूरदास निगमागम ग्रन्थों की तथा गुरु-परम्परा की प्रतिबद्धता की सापेक्षता की सीमाओं को स्वीकार कर चलते हैं, वहीं सन्त इनसे स्वतन्त्र एवं स्वायत्त होने के कारण मुक्त एवं उन्मुक्त! काव्य यदि जाग्रत आत्मा का सृजन माना जाता है, तो यह सृजनात्मक उन्मुक्तता उसका सर्व प्रमुख लक्षण है। इन्हीं अर्थों में सन्त वाणी (श्री गुरु ग्रन्थ साहब में समायोजित वाणियों सहित) विश्व के सभी अध्यात्म-प्रेमियों को सहज स्वीकार्य हो सकती है। तुलसी के राम एवं सूरदास के कृष्ण की सगुण भक्ति की अपेक्षा निर्गुण राम एवं कृष्ण कहीं अधिक स्वीकार्य हैं। ये राम और कृष्ण अध्यात्म-तत्त्व-रूप में किसी भी सीमा में देश-जाति-ग्रन्थ-गुरु सम्प्रदाय की सीमाओं से मुक्त हैं। यह सुविधा—विश्व के अन्य किसी धर्म-सम्प्रदाय के साथ नहीं है। तथा दूसरी ओर राम, कृष्ण की निर्गुण अनुभूति स्वरूप अध्यात्म चेतना श्रेष्ठ, संवेदनशील, मानवीयता के तल पर विश्व मानव की सच्ची धरोहर सिद्ध होती है। उसे विश्व मानव बनने में कहीं किसी प्रकार की बन्दिश में नहीं डालती, अपितु स्वतन्त्रता की पक्षधर है।

भारतीय नारी सन्त : इष्ट का स्वरूप

भारतीय चिन्तन दर्शन में नारी स्वयं में ही शक्ति का रूप मानी गयी है। उसे इन्हीं अर्थों में पूज्य माना जाता है। शिव-शक्ति का द्वै भी अद्वै होकर सम्पूज्य है। शिव यदि स्थिति हैं तो शक्ति गति हैं। स्थिति-गति का यह स्वरूप है। यहाँ प्रमुख नारी सन्तों के इष्ट पर विचार अपेक्ष्य हैं। दक्षिण भारतीय नारी सन्तों के इष्ट शिव हैं। छठी शताब्दी का तमिलनाडु की प्रथम नारी सन्त कारेक्काल अम्मैयार (पुनितवती) निर्गुण निराकार शिव की आराधिका है। बचपन से ही शिवभक्त साधुओं की भक्ति के संस्कारों से वह इतना गहरे में प्रभावित हुई कि कैलाश पर्वत की यात्रा में उसे परम शिव के दर्शन हुए। शिव को अपनी वाणी में उसने 'ज्ञानरूप' माना है। भले ही शिव का बाहरी आकार 'नीलकंठ', 'जटाधारी', 'जटा में गंगा' तथा 'चन्द्रकला' सुशोभित वाला है। किन्तु उनकी शक्ति सार्वभौम व्यापिनी है। सब पर कृपा कर उद्धार करने वाली है। पुनितवती कहती हैं कि वही शिव धरती, आकाश, जल तथा प्रकाश रूप है। निराकार है। भक्त जिस भी रूप में उसका ध्यान करता है, उसी रूप में उसके दर्शन प्राप्त करता है। ध्यानकर्ता का मन ही इस निराकार का मन्दिर है।

सन्त कवयित्री आंडाल का मूल नाम गोदादेवी है। किन्तु अपने इष्ट भगवान कृष्ण पर भी अपना शासन करने के कारण उसे लोग आंडाल (शासिका) कहने लगे। मध्य काल में उत्तर में जैसे मीरां बाई कृष्ण की अनन्य भक्त हुई हैं, वैसी ही एकनिष्ठ गहन आस्थाशील आलवार भक्त आंडाल दक्षिण भारत में हुई, जिसने सन् 716 ई. में, सगुण कृष्ण की आराधना, में अपने 'तिरूप्पावै-श्रीव्रतम' तथा 'नाच्चियारू तिरूमोलि' ग्रन्थों की रचना की। उनकी भक्ति भावना, समर्पण, सृजन को देखते हुए भक्तों ने आंडाल को भू देवी माना है। लोकमानस में आंडाल को आराध्य देवी माना। आंडाल का यह विश्वास कि देश को, लोगों को सुख-समृद्धि भी तभी प्राप्त हो सकती है जबकि उनमें धर्म-भावना—सबके हित-चिन्ता की भावना विकसित हो तथा नैतिक उच्च आचरण की चेतना विकसित हो।

अक्क महादेवी कर्नाटक की महा शिवयोगिनी सन्त हुई हैं। बालपन से ही 'शरण सती लिंग पति' का भाव उसके मन में समा गया था। उनके इष्ट का नाम 'श्री मल्लिकार्जुन' है। वह उनकी अनन्य भक्त थीं। वह इष्ट के साथ एक रूप हो गयीं। वह कहती हैं, "यह शरीर जब तुम्हारे ही रूप से बना हुआ है, तुम्हारा रूप हो गया है तो अब मैं किस से भेंट करूँ? मेरा मन जब तुम्हारा ही मन बन गया है तो अब मैं किसे याद करूँ? जब मेरा प्राण तुम्हारा ही रूप बन गया है तो अब मैं किस की आराधना करूँ? जब ज्ञान तुम्हारा ही रूप बन गया है तो किसको जानने का प्रयत्न करूँ? हे चेन्नमल्लिकार्जुन तुम्हीं बताओ! इस प्रकार मैं तुम्हीं बन कर रह गयी हूँ!" स्वयं को अपने इष्ट में एकाकार कर देने तथा सृष्टि को उसी का रूप आकार मान लेने से कैसी अभिन्नता निर्मित होती है। फिर परमात्मा, इष्ट द्वारा निर्मित संसार-सृष्टि के कल्याण के लिए सन्त के हृदय में कैसी-कैसी आशीषें व्यक्त होती हैं, यह नारी सन्त अक्क महादेवी की वाणी का सार है।

महानुभावीय सम्प्रदाय की मराठी भाषी प्रथम नारी सन्त हुई हैं महदायिसा। इनके इष्ट देव कृष्ण हैं—और कृष्णभक्ति ही मुक्ति एवं आनन्द का माध्यम है। कृष्ण एवं कृष्ण की भक्ति ही भक्तों में महान (उच्च, श्रेष्ठ, भावोत्तम) भावनाओं का विस्तार करने वाली है, जिससे श्रेष्ठ मानवों का समाज निर्मित होता है। आरम्भ में इस सम्प्रदाय को 'महात्मा पंथ', 'परमार्ग' भी कहा जाता था। सम्प्रदाय के संस्थापक चक्रधर स्वामी का जन्म यों तो गुजरात में सन् 1194 ई में हुआ था, किन्तु उनके मत का प्रचार-प्रसार महाराष्ट्र से लेकर गुजरात, पंजाब और काबुल तक हुआ। इसमें महदायिसा को बड़ा श्रेय जाता है।

सन्त वेणास्वामी अपने गुरु सन्त रामदास के सम्प्रदाय-इष्ट रामभक्त हनुमान को ही अपना इष्ट मानती हैं। किन्तु साथ ही साथ अपने गुरु के साथ रहती हुई सामाजिक, राष्ट्रीय उत्थान के कार्य में भी सदा हाथ बँटाती हैं, क्योंकि मानव सेवा ही सच्ची ईश-सेवा है।

वारकरी पंथ का सन्त चोखामेला की पत्नी सन्त सोयराबाई भगवान के पांडुरंगा स्वरूप को अपना इष्ट मानती हैं। वारकरी सम्प्रदाय और उनके पति का इष्ट भी पांडुरंगा है। किन्तु यह ध्यान रहना चाहिए कि महाराष्ट्रीय सन्त भगवान के सगुण-निर्गुण दोनों रूपों की उपासना करते हैं। इसमें भी निर्गुण ज्ञानमार्गी स्वरूप ही सर्वोपरि है। गीता ज्ञान को ही मुक्तिपथ माना है वारकरी सन्तों ने। ज्ञानदेव (ज्ञानेश्वर) द्वारा रचित ज्ञानेश्वरी तो सीधा-सीधा ज्ञान को ही मुक्ति का आधार प्रतिष्ठित करती है। सन्त मुक्ता बाई भी, जो वृत्तिनाथ, ज्ञानदेव, सोपानदेव की बहन है, इसी इष्ट-परम्परा को स्वीकार करती है।

कश्मीर की प्रथम एवं अमर सन्त लल्लेश्वरी पति, ससुराल एवं वृहत्तर समाज द्वारा उपेक्षित, त्रस्त, उत्पीड़ित होकर घर छोड़ चुकी थी। उसके आराध्य देव शिव हैं, उन्हीं को वह अपने दुख-दर्द अपने वाख (वाक्) छन्द में गूँथकर सुनाती। उनके शिव भी निर्गुण रूप हैं। अतः लल्लेश्वरी की उपासना निर्गुण-निराकार सन्त कवियों के समान है।

कान्होपात्रा एक वेश्या की पुत्री थी, जिसने अपना सारा जीवन अपने प्रिय कृष्ण को अर्पित कर दिया था। उसने अपनी आत्मा को मारकर अपना शरीर बेचने की अपेक्षा अपना सर्वस्व कृष्ण भक्ति में लगा दिया। अपनी आत्मा भी परमेश्वर को अर्पित कर दी और अपना उद्धार किया।

महान सन्त मीरां ने तो बचपन से ऐसी प्रीत जोड़ी भगवान कृष्ण से कि भक्ति के सगुण मार्ग से आरम्भ करके वह अपने अन्तिम सोपान तक आते-आते निर्गुण भक्ति के शिखर पर पहुँच गयी। उसने कृष्ण को सभी उत्पीड़ित, दलित, उपेक्षित की पहुँच में कृष्ण को ला दिया। कृष्ण भक्ति की खातिर उसने घर, परिवार, राजसुख, सम्मान सब त्याग दिया। जीवन के बड़े-बड़े खतरों को भी हँसते-हँसते पार कर गयी। इष्ट भगवान कृष्ण ने भी सदा उसकी रक्षा की। गहरा विश्वास और अटूट आस्था व्यक्ति को उसके भीतर से भी दृढ़ बनाते और हर प्रकार से रक्षा करते हैं।

सन्त आतुकूरि मोल्ला आन्ध्र प्रदेश की ऐसी सन्त हुई हैं, जिसने तेलुगु भाषा में अपने इष्ट राम की भक्ति में रामायण की रचना की है, मोल्ला का कहना है कि भगवान श्रीराम ने स्वयं चाहकर मुझ से इस पावन कथा को लोक-कल्याण के लिए कहलवाया है। अतः जिस पर राम की कृपा है, वही राम की अनन्य भक्ति का अवसर पा सकता है।

अपूर्व कृष्ण भक्त, मुस्लिम परिवार की नारी कृष्ण के रूप-सौन्दर्य पर ऐसी मुग्ध हुई कि अपना पारिवारिक धर्म-करम सब न्यौछावर कर बैठी। उसने चोरी-छिपे नहीं खुले में ऊँचे स्वर में कहा :

नन्द के कुमार, कुरबान तेरी सूरत पै।
हूँ तो मुगलानी, हिन्दुआनी है रहँगी मैं।।

ऐसी जीवट वाली नारी सन्त की अन्य कोई भी क्या बराबरी कर सकता है।

कर्नाटक की ही एक अन्य सन्त हुई हैं 'हेलवनकट्टे गिरियम्मा' यह हरिदास परम्परा (वैष्णव परम्परा) की सन्त हुई हैं, जबकि अक्कमहादेवी वीर शैव मत की सन्त हैं। गिरियम्मा गाँव के मन्दिर में श्री रंगनाथ जी की पूजा किया करतीं, उसके गाँव का नाम हेलवनकट्टे था, जो उसके नाम के साथ जुड़ गया। अपने इष्ट को

रिझाने के लिए वह अनेक प्रकार की रंगोलियाँ सजाती। इतना ही नहीं उसने अपने इष्ट देव के लिए कई मन्दिर भी बनवाये।

सन्त सहजोबाई तथा सन्त दयाबाई महात्मा चरणदास की शिष्याएँ हैं। इनके इष्टदेव भी भगवान श्रीकृष्ण हैं जिनके निर्गुण रूप की ये सन्त आराधना करती हैं।

सन्त बारमुखी स्वयं एक वेश्या थी, किन्तु श्री रंग जी को अपना इष्ट मानकर अपनी बहुत-सी पूँजी लगाकर उनके लिए बहुत मूल्यवान मुकुट बनवाया और बड़ी श्रद्धा से उन्हें पहनाकर अपार सन्तुष्टि का अनुभव किया।

हसीना और हमीदा दोनों मुस्लिम परिवार की कृष्ण-भक्त थीं। उन्होंने भगवान कृष्ण के रूप-सौन्दर्य-भव्यता की बातें सुनकर अपने देश—अरब में ही अपना चित्त कृष्ण पर न्यौछावर कर दिया। फिर दोनों युवतियों ने अपार कष्ट सहन करके वृन्दावन में कई बाधाओं को पार करके अपने इष्ट भगवान कृष्ण के दर्शन किये और उनकी कृपा से जैसा कि लोक प्रसिद्ध है, श्रीकृष्ण के नित्य-विहार में सदा के लिए सम्मिलित हो गयीं।

सन्त कबीर को नारी-निन्दक कहना बड़ी नासमझी

सन्तों का ध्येय कभी भी किसी को निन्दा के लिए निन्दा करना नहीं रहा। उनका समग्र चिन्तन-सोच सदैव आद्यन्त विद्यायी प्रकार का रहा है। इसी परिप्रेक्ष्य में नारी-चिन्तन को भी लेना चाहिए। सन्त मानव जीवन ही नहीं, परम-आत्मिक चेतना को जीव-मात्र, सृष्टि-मात्र में देखते-मानते हैं तथा उसकी रक्षा-सुरक्षा-संरक्षा के लिए स्वयं को दक्ष पाते हैं। कर्तव्य-बद्ध पाते हैं। इसी दृष्टि-परिप्रेक्ष्य से ही उनके नारी-सम्बन्धी चिन्तन को लेना चाहिए तथा समग्र सोच के परिप्रेक्ष्य से काटकर नहीं देखना चाहिए। आधारभूत में इस परिप्रेक्ष्य को—सन्तों के विचारों को देखेंगे तो वे हमें सकारात्मक सोच-आयाम की ओर ले जायेंगे, नकारात्मक पक्ष की ध्वनि तब हम उन्हें नहीं ठहरा पायेंगे। विद्वत्ता के यही आग्रह हैं कि परम्परा से जो कमी या त्रुटि होती आयी है, उसे भावी मानवीय विकास की सरणी में लेकर आगे बढ़ा जाये, न कि पिष्टपेषण की किसी भी त्रुटिपूर्ण परिपाटी को आँखें मूँदकर निभाते जायें। सन्तों की नारी-विषय दृष्टि को स्पष्ट दीखता है, तथाकथित विद्वानों ने आँखें मूँदे ही स्वीकार कर लिया है। अन्यथा सन्तों को ज्ञानमार्गी मानते हुए भी उन्हें वेद (ज्ञान) विरोधी मानना कैसी अज्ञानपरक विडम्बना है! जिन सन्तों को हम, उनके निर्गुण-निराकार ईश्वर को मानने तथा ज्ञान के मार्ग पर चलने वाले जाति-सम्प्रदाय तथा तत्कालीन मूढ़ताओं से ऊपर उठे हुए विशिष्ट अर्थों में 'सन्त' कहते हैं, उन्हें ही अपनी अज्ञानताजनित सीमाओं के कारण अज्ञानमार्गी सिद्ध करने में अपनी विद्वत्ता को भिड़ा देते हैं। यह कैसी काहिली है! कैसी विद्वत्ता है! जैसे किसी रचना की समग्र ध्वनि को ही लेखकीय आशय मानना अभीष्ट होता है, क्या वैसे ही सभी सन्तों के, समग्र कथनों में रखकर उनके सर्वायामी सोच-विचार, दर्शन के दायरे में रखकर उनके 'नारी' सम्बन्धी कथनों को नहीं देखना चाहिए? उनका हेतु क्या है? उनका आशय और उद्देश्य क्या है? क्या नारी के प्रति व्यक्तिगत, किसी मनोग्रन्थी के कारण केवल, एकपक्षीय निन्दा करना रहा है या सामाजिक, धार्मिक, ऐतिहासिक परिस्थितियोंवश नारी व्यक्तित्व के किसी

एक पक्ष के प्रति 'पुरुष' की वर्जनामूलक उपदेशिकता के रूप में अवतारना हुई है। नारी-निदंक के रूप में कबीर वाणी पर लगे आक्षेप का हम विश्लेषण करना चाहेंगे।

सन्त कबीर धरती पर एक शुद्ध मानवी, सुचारु, संवेदनामय, जीवन्त जीवन-प्रणाली को प्रवाहित देखना चाहते हैं। अतः उनके अस्वीकार में कितनी व्यापक अमानवीय, असामाजिक, संवेदनाहीन परिपाटियाँ, धार्मिक रूढ़ियाँ, रुग्णताएँ एवं रूढ़ियाँ समाई हुई हैं—कई स्थूल ईश्वर-मूर्तियाँ पूजा पद्धतियाँ, मन्दिर-मस्जिद, धर्म-सम्प्रदायों की शत्रुताएँ जाति-वर्ण, ऊँच-नीच की भेदभावपूर्ण, व्यवहारगत आचरणगत अनैतिकताएँ हैं। इन्हीं सन्दर्भों में 'कंचन' और 'कामिनी' के प्रति अस्वीकार के विचार भी आते हैं। इतना ही नहीं कबीर ने दशरथ के पुत्र राम (सगुण) तथा देवकी की कोख से जन्मे कृष्ण को भी अस्वीकार कर दिया। ब्रह्मा, विष्णु, महेश को भी माया से प्रभावित (बँधे हुए) कहा और एक सार्वभौम ब्रह्मांडीय, अगम, अपार की ओर ध्यान दिलाया, जो आत्मिक, आध्यात्मिक चैतन्य इकाई है। सृष्टिकर्ता है। उसे विभिन्न अवतारों, तीर्थों, मिट्टी-ईंटों की दीवारों से मुक्त बताया है। कितना विराट् अस्वीकार है कबीर का! क्योंकि उस सगुण ब्रह्म के कारण सभी जीवन्त, स्पन्दित, संवेदित घिरा-बँधा हुआ है। कबीर उस साहब, परमात्मा, ईश्वर, सत्य को सबके हित और भलाई के लिए स्वीकार कर रहे हैं, जो सबके सदा साथ है। सुख-दुख से ऊपर और परे है, जो स्वयं स्वयं का रचयिता है। स्वयं स्वयं का नाथ है :

ता साहिब के लागी साथा। दुख-सुख मेटि जो रह्यौ अनाथा।
ना दशरथ घरि औतरि आवा। नां लंका का राव सतावा।
देवै कुख न औतरि आवा। ना जसवै लै गोद खेलावा।
ना वो ग्वालन के संग फिरिया। गोबरधन ले ना कर धरिया।

× × ×

कहे कबीर विचार करि, ये ऊले व्यवहार।
याही थें जे अगम है, सो वरति रह्या संसार।

अतः व्रत, रमजान, पूजा, नमाज, हज, तीर्थाटन सब व्यर्थ की कवायद हैं, कबीर की दृष्टि में। इन सब, इतने सब के बाद कबीर कंचन और कामिनी को अस्वीकार करते हैं, तो आत्म-अध्यात्म एवं चैतन्य प्रवाह को—प्राणीमात्र के अस्तित्व को बचाने और बनाये रखने की खातिर। क्योंकि इन दोनों के प्रति मानवी-मनोवैज्ञानिक दुर्बलता के कारण धरती पर बड़े-बड़े युद्ध होते आये हैं। इन युद्धों को रचने वाले कुछ कामी पुरुष थे। सभी पुरुष नहीं, कामवासना में अन्धे पुरुष, जिन्होंने अपने

परिवारों, पत्नियों, धर्म-गुरुओं, सजग-अनुभवी लोगों की सीख व सलाह को नहीं माना। न न्याय को महत्त्व दिया, न मानव जीवन की नैतिकता को। 'कंचन' में, धरती की बेशकीमती, चमकीली, सौन्दर्य-वर्धक धातु (सोन-धन) को हस्तगत करने के लिए हर युग, हर देश, हर समाज में विनाश लीलाएँ घटित होती रही हैं, तो 'कामिनी' के लिए भी। यहाँ हमें थोड़ा कामिनी और नारी में अन्तर कर लेना होगा। नारी के अनेक रूप, आयाम पक्ष, भूमिकाएँ हैं, जिनमें मात्र एक रूप कामिनी का भी है। नारी रूपों में माता, बहन, पत्नी, पुत्री तथा अन्य पारिवारिक रूप समाहित हैं, जैसे नानी, दादी, बुआ, मौसी, मामी आदि नारी इन सभी विविध, अनेक रूपों में कबीर को स्वीकार हैं, तथा अपने चरित्रगत, विशिष्ट आचरणगत गुणों-रूपों में भी कबीर इनकी सराहना करते हैं। उनके निकट चरित्रवान, सती नारी को साधु, शूर और सन्त की श्रेणी में, इनके तुल्य स्थापित करते हैं :

साध सती औ सूरमा, ज्ञानी और गजदन्त।
ऐते निकसि न बाहुरें, जो जुग जायं अनन्त।।

(कबीर साखी संग्रह)

आचार्य हजारी प्रसाद द्विवेदी लिखते हैं कि कबीर भक्त और पतिव्रता को एक कोटि में रखते थे। दोनों का धर्म कठोर है, दोनों की वृत्ति कोमल है, दोनों के सामने प्रलोभन का दुस्तर जंजाल है, दोनों ही कांचनधर्मी हैं...बाहर से मृदु भीतर से कठोर; बाहर से कोमल, भीतर से परुष। सब की सेवा में व्यस्त पर एक ही आराधिका पतिव्रता ही भक्त के साथ तुलनीय हो सकती है।" (कबीर, पृ. 161) कबीर ने सती नारी के साथ ही नारी के मातृत्व रूप की प्रशंसा, अभ्यर्थना करते हुए कहा है :

धन्य सो माता सुंदरी, जिन जाया साधू पूत।
नाम सुमिरि निर्भय भई, अस सब गया अबूत।।

(कबीर साखी संग्रह)

कबीर ग्रन्थावली (सशंक : ले. रामकिशोर शर्मा) अपने प्राक्कथन में कहते हैं, "जो व्यक्ति काल के विरुद्ध खड़ा होता है, उसे चतुर्दिक से आघात सहने पड़ते हैं, सम्पूर्ण अस्तित्व को मिटा देने वाले आघातों से जब वह अक्षत शेष रह जाता है तो जनमानस इस अनुमान से उसकी ओर दौड़ पड़ता है कि उसमें कुछ असाधारण अवश्य है। उसके विषय में तरह-तरह की किंवदन्ती बनने लगती है।" निरन्तर वह असाधारण होता जाता है, यहाँ तक कि उसे ईश्वरीय अवतार भी मान लिया जाता है। कबीर कुछ इसी तरह के व्यक्ति हैं, जो गौतम बुद्ध, महावीर आदि की तरह राजघराने की शक्ति-सम्पन्नता तथा वैभव की पृष्ठभूमि नहीं रखते थे,

एक नितान्त उपेक्षित तिरस्कृत परिवार की पृष्ठभूमि से उठकर धार्मिक व्यवस्था, सामाजिक व्यवस्था के विरुद्ध अपनी जान को जोखिम में डालकर खड़े हो गये।"

उक्त ग्रन्थावली में अन्य अंगों में एक अंग है–'कामी नर को अंग'। इसमें तीस साखियाँ हैं। ध्यान रहे, यह 'कामी नर को अंग' है। इसी के अन्तर्गत वे साखियाँ भी संकलित हैं। जिनके आधार पर कबीर को नारी-निन्दक माना-कहा जाता है। एक साखी जो सर्वाधिक कुख्यात है, पहले उसी को जाँचे-समझेंगे; किन्तु यहाँ यह रेखांकित करना आवश्यक है कि सभी साखियाँ 'कामी नर' की कामुकता को समर्पित हैं, जैसा कि अंग का शीर्षक कह रहा है, न कि नारियों या कामी नारियों या कामिनियों को। तब तथाकथित 'विद्वान नरों' ने इन्हें नारियों के नाम क्योंकर मान लिया है? इसका क्या कोई तर्कमय उत्तर है? फिर भी एक साखी, जो इस ग्रन्थावली में नहीं है और कबीर की बदनामी का सबब विद्वान नरों ने जिसे बना रखा है इस प्रकार है :

नारी की झांईं परत, अन्धा होत भुजंग।
कबिरा तिन की कौन गति, जो नित नारी के संग।।

इसका मोटा अर्थ जो किया जाता है कि नारी की छाया पड़ने पर साँप भी अन्धा हो जाता है। उन लोगों की क्या दशा होगी जो सदा ही नारी के संग रहते हैं। किन्तु विद्वान नर लोग इसके आशय को थोड़ा भी ईमानदारी से नहीं लेते कि 'नित नारी के संग' में कबीर कामी नरों को क्या समझा रहे हैं। और यह नौबत क्यों और कब आयी होगी।

नारी नहीं, कामिनी–जिस नारी में कामवासना जाग गयी हो, या जगा दी गयी हो (दूसरी सम्भावना ही सापेक्षिक स्थितियों में उत्पन्न होती है) उस स्थिति में वह काली नागिन जैसी घातक हो जाती है, किन्तु राम के स्नेही भक्त इस स्थिति से बच निकलते हैं, क्योंकि वे अपनी विरक्त मनोदशा में कामिनी के विष का शिकार होने से बच जाते हैं। और जो उसके चंगुल में फँस जाते हैं, उन्हें वह निगल जाती है। अब बताएँ यहाँ कबीर किसकी निन्दा कर रहे हैं? किसे दोष दे रहें हैं? और किसे शिक्षा दे रहे हैं? अगली साखी में कबीर कामिनी को शहद की मक्खी की तरह बता रहे हैं, तथा उससे अगली चार साखियों में 'परनारी' के पास जाने से रोक रहे हैं :

परनारी राता फिरै, चोरी विढ़ता खाइ।
दिवस चारि सरसा रहे, अति समूला जांहि।।

परनारी के पास जाने वाले कामी नर के लिए कबीर का कहना है कि परायी नारी के साथ सम्भोग, सहवास ऐसा ही कुकृत्य है जैसा कि दूसरे का धन चुराना-खाना।

यह तो चार दिनों का रसभोग है, अन्त में तो यह समूल जीवन को ही नष्ट करने वाला है। ऐसे व्यक्ति का सब कुछ विनष्ट होने वाला है, इस सत्य को कामी नर नहीं समझता। एक अन्य साखी :

एक कनक और कामिनी, दोऊ अगनि की झाल।
देखे ही तन प्रजलै, परस्यां है पैमाल।।

स्वर्ण और कामिनी दोनों ही अग्नि की ज्वालाएँ हैं। इन्हें देखने भर से शरीर जलने लगता है तथा स्पर्श करने भर से प्राणी पायमाल हो जाता है, अपने वश में नहीं रहता। यहाँ भी कवि के कथन में स्वर्ण या कामिनी का कहीं दोष नजेर आता है? यह दोष देखने और स्पर्श करने वाले का ही, जिसे सन्त कबीर चेता रहे हैं। इसी प्रकार के विचार अन्य सभी साखियों में व्यक्त हुए हैं, जो इस अंग में संकलित हैं।

अतः हमारा निवेदन है कि अपनी प्रगतिशीलता के रहते आधुनिक सोच-विचार की वैज्ञानिक ताब-आब के चलते उक्त प्रकार के व्यर्थ के आरोप सन्त कबीर पर लगाए जाना बन्द करें और पुरातनपंथी, मध्ययुगीन, वैमनस्यवादी दृष्टि को बदलें। हम देख रहे हैं कि आज इक्कीसवीं सदी का एक दशक पूरा होते-होते भी कबीर पर वही पुरानी सोच हावी है कि कबीर जैसे सन्त को इस ओर 'कामी नर' का ध्यान दिलाना पड़ा। पहली बात तो यह है कि गाँव-देहात में जहाँ दिन भर के हारे-थके, पिटे-परेशान नरों को रात को बिना पैसे लगे अपना गम गलत करने का मात्र एक सरल-सुलभ साधन कामवासना का शमन करना ही दीखता है, वे लोग अपनी पत्नी को किसी भी दशा में, कभी भी उपयोग करने का हक रखते हैं। ऐसे में गाँव-देहात के बूढ़े-बुजुर्ग लोगों ने उन्हें मासिक धर्म या गर्भावस्था में नारी के पास जाने से वर्जने की खातिर ऐसी बात कह दी होगी। कह देते हैं प्रायः ही, जो उन्हें नेत्र-हानि के भय के कारण शीघ्र समझ जाती है। यह ऐसा ही भय है, जैसे पीपल को काटने या उखाड़ने से तथा तुलसी का पौधा उखाड़ने से देवों के रुष्ट हो जाने, पाप लगने का भय दिखाया जाता है। जिससे धर्म-भीरु ऐसे कार्य करने से रुक जाते हैं। लोकमानस की मानसिकता के जानकार कबीर ने उक्त साखी में उसी युक्ति का प्रयोग किया है। अन्यथा आज तक गर्भवती स्त्रियाँ या मासिकधर्म में नारियाँ खेतों में सदा काम करती मिलती हैं, जहाँ साँप खुले में अधिक मात्रा में निवास करते हैं, तो भी, कभी भी किसी साँप को, किसी विद्वान या अनजान व्यक्ति ने अन्धा हुआ नहीं देखा। किन्तु अक्ल के अन्धे स्वयं भले ही अन्धे न होते हों, उनके ऐसे मूर्खतापूर्ण, उजड्डतापूर्ण सहवास से उनकी सन्तान के अन्धा पैदा होने की सम्भावनाएँ जरूर बन जाती हैं, जब वे कुछ महीनों के गर्भ वाली अपनी पत्नियों के पास जाते हैं।

शेष साखियाँ भी कबीर ने कामी नरों को ही सम्बोधित की हैं, यहाँ उन्हें ही समझाया गया है कि नारी रूपी आग के साथ खेलना नहीं चाहिए, यह जला देगी। यहाँ भी आग को दोष नहीं दिया जा रहा, बल्कि उससे सावधान रहने को 'कामी नर' को ही उपदेश दिया जा रहा है। कामिनी नारी को 'काली नागणी' कहने वाली साखी लें :

कामणि काली नागणीं, तीन्यूँ लोक मँझारि।
राम सनेही ऊबरे, बिषई खाये झारि।।

यह हिन्दी में ही सम्भव है। युग-युगों का वैश्विक स्तर पर महान चिन्तक, दार्शनिक तथा सन्त अस्तित्व को बिना पूरा पढ़े-समझे नासमझी की परिपाटी को निभाया जा सकता है, फिर भी महान आलोचक विश्वविद्यालयों का विभाग अध्यक्ष माना-मनवाया जा सकता है। संत कबीर के साथ यही हुआ है। अब भी हो रहा है। वैसे भी किसी दार्शनिक-चिन्तक को पूरा पढ़े-समझे बिना, कुछ कहना, बेईमानी मानी जाती है। आज भी पूरे कबीर पर बात न करके, कबीर वाणी की कुछ साखियों को (जो पाठ्य-पुस्तकों में पढ़ी-सुनी होंगी) लेकर जो अपना कबीर सम्बन्धी ज्ञान बेचते फिरते हैं, हवाई यात्राओं से दूसरे देशों में जाकर अपना प्रदूषित, आधा-अधूरा ज्ञान फैला रहे हैं, वहाँ के श्रद्धावान, कबीर भक्तों को भ्रमित करने का पुण्य कमा रहे हैं, उनसे हमारी प्रार्थना है कि वे कम से कम पूरे कबीर को पढ़ें-समझें तथा जितने पक्ष से सहमत-असहमत हों, उसे सप्ष्ट करें-कहें। असहमत होना बुरा नहीं, असहमति को छुपाकर दुर्मति में उसे परिणत करना बौद्धिक दुराचरण तो है ही। निवेदन है, कबीर को कबीर रहने दें।

नारी सन्त

सन्त कारैक्काल अम्मैयार

शिव के निर्गुण-निराकार रूप की अनन्य साधिका छठी शताब्दी की तमिलनाडु की प्रथम सन्त हैं कारैक्काल अम्मैयार। उत्तर भारत में पन्द्रहवीं शताब्दी में हुई विख्यात सन्त मीरांबाई की भक्तिभावना, निष्ठा, तन्मयता एवं उपलब्धि की तुलना में तमिलनाडु की छठी सदी की प्रथम शिव भक्त नारी सन्त कारैक्काल अम्मैयार (पुनितवती) का नाम स्मरण आता है। वह धनी व्यापारी के घर में राजसी ठाठ-बाट के वातावरण में जन्मी-पली। बचपन से ही परम शिवभक्त थीं। शिवभक्त साधुओं की सेवा में सदैव तत्पर रहती। उसके साधु-सम्मान, शिव-भक्ति से प्रभावित हो पति उसे छोड़कर अन्य स्थान पर जाकर दूसरा विवाह कर रहने लगा। पुनितवती आहत और विमोहित हो शिव-आराधना में इतना डूब गयी कि अपने रूप-सौन्दर्य को भी भूल गयी। शिव-दर्शन के लिए कैलाश-यात्रा में परम-शिव प्रकट हुए। कहते हैं कि उन्होंने पुनितवती को 'माता' कहकर पुकारा। तथा उनकी आज्ञा हुई कि वह 'तिरुवालगांडु' नाम से विख्यात स्थान पर, जो कि शिवक्षेत्र एवं अति पवित्र माना जाता है, जाकर रहे। पुनितवती वहाँ गई। उसने शिव के ताण्डव-नृत्य को देखा और वहीं शिवभक्ति में लीन रहकर जीवन-व्यतीत करती रही। अपनी गहन निष्ठा, उत्कट भक्ति भावना एवं व्यापक संवेदनशील लोक-व्यवहार से पुनितवती ने समाज में पावन और पूज्य स्थान प्राप्त किया। अतः मीरां के प्रति समाज के सम्मान एवं पूज्यभाव की, भक्तिभावना, गहनता, एकनिष्ठता की कई समानताएँ सन्त कारैक्काल अम्मैयार में देखी जा सकती हैं।

यों पुनितवती अपने पति परमदत्त के प्रति, जो कि धनाढ्य वैश्व परिवार से था, निष्ठावान थी, उसने अपनी गृहस्थी एवं गृहिणी धर्म में कोई कमी नहीं आने दी, किन्तु शिव तथा शिवभक्तों को सर्वोच्च आस्था का आलम्बन मानती थीं। एक घटना ने उनकी शिव-आस्था को पति पर प्रकट कर दिया। जिससे पति का मन पुनितवती से उचट गया। हुआ यों कि पति परमदत्त एक दिन आम के दो मीठे फल लाये और उन्हें अपनी पत्नी को सौंप दिया। कहते हैं उसी दिन एक शिवभक्त उनके द्वार पर

शिवभक्त उनके द्वार पर आया। पुनितवती ने एक आम उसे दे दिया। पति घर आया। भोजन में एक आम खाकर, उसके स्वाद से मुग्ध हुआ दूसरा आम भी माँगा। अब पुनितवती चिन्तित हो गयी, क्या करे? क्या कहे? कहते हैं उसे चिन्ता-मुक्त करने के लिए ईश्वर ने दूसरा आम भी प्रस्तुत कर दिया। बाद में पति को जब इस घटना का पता चला तो उसने सोचा कि पुनितवती की शिव के प्रति इतनी गहरी भक्ति है जिसे शिव भी अपना स्नेहाशीष देते हैं। उसके साथ सांसारिक दाम्पत्य बनाये रखना उचित नहीं। अतः वह पुनितवती को छोड़कर अन्यत्र चला गया और दूसरा विवाह करके रहने लगा।

इधर पुनितवती अपनी शिव-आराधना से अध्यात्म के ऊँचे सोपान चढ़ती गयी। शिव द्वारा माता का सम्बोधन प्राप्त करने वाली पुनितवती अब समूचे दक्षिण भारतीय जन द्वारा 'कारैक्काल अम्मैयार' के नाम से पुकारी जाने लगी। शिव की अनन्य इस साधिका ने शिव के सगुण और निर्गुण—दोनों रूपों का अपनी वाणी में वर्णन किया है। सगुण रूप में शिव वर्णन तो उत्तर भारत में भी प्रचलित रूप जैसा ही है। जैसे—"वह (शिव) नीलकंठ है, जटाधारी है, जटा में गंगा और चन्द्रकला सुशोभित हैं। सर्पाभूषण धारण किये हुए है। साथ ही उमा विराजमान है।" इसी प्रकार भक्ति भाव में डूबी शिव के निर्गुणरूप का अंकन इस प्रकार किया है, "वह (शिव) सबकी सृष्टि करता है। सबका विनाश भी करता है। सब पर कृपा कर के उद्धार भी वही करता है। शिव (ईश्वर) ज्ञान स्वरूप है। वह धरती, आकाश, जल तथा प्रकाशरूप है। निराकार है। भक्त जिस भी रूप में उसका ध्यान करता है, उसी रूप में उसके दर्शन पाता है। ध्यानकर्त्ता का मन ही इस निराकार शिव का मन्दिर है।"

कारैक्काल के दार्शनिक विचारों को तथा सूक्ष्म आध्यात्मिक अनुभूतियों को इनके द्वारा रचे ग्रन्थों में देखा-जाना जा सकता है। उनके ग्रन्थ हैं : 'अद्भुत तिरूवन्दादि', 'तिरूविरद्दै मणिमालै', तथा 'भूत तिरूप्पदिकम्'। इन ग्रन्थों में भक्ति की मधुरिमा तथा दार्शनिक चिन्तना विद्यमान है। प्रथम ग्रन्थ में शिव-स्रोत संग्रहित हैं तो अन्य में प्रेम एवं भक्ति के हृदय-द्रावक भावों की स्निग्धता है।

दार्शनिक सिद्धान्त के रूप में अद्वैतवाद की उनकी उद्भावना छठी शताब्दी में अचम्भित करने वाली है। अपने एक सर्वाधिक प्रसिद्ध पद में वह शिव को ही ज्ञाता, ज्ञान और ज्ञेय मानती हैं। वही परम ब्रह्म तीनों रूपों में व्यक्त हो रहा है। बारह तिरूमुरै ग्रन्थों में कारैक्काल अम्मैयार के ग्रन्थों को ग्यारहवें तिरूमरै के क्रम में रखा गया है। यह भी सर्वमान्य है कि वह प्रसिद्ध सन्त तिरूज्ञान संबन्धर के पूर्व हुई हैं तथा तमिलनाडु की प्रथम नारी सन्त हैं।

कारैक्काल अम्मैयार की गहन निष्ठा उसके इन शब्दों से जानी जा सकती है जिनमें वह कहती है कि 'हे ईश्वर यदि मैं आप की सेवा, दर्शन तथा उपासना से वंचित रह जाऊँ तो मेरा स्वर्ग में जाना भी व्यर्थ है। मुझे आपकी सेवा आराधना का सौभाग्य प्राप्त हो। यही मेरी तीव्र आकांक्षा है।' महत्त्वपूर्ण बात यह है कि छठी शताब्दी में पुरातनपंथी परिवेश में विश की निराकार भक्ति की आराधना को वरीयता देने वाली यह नारी सन्त अनजाने में ही भावी मानव को आने वाली सदियों में वह मार्ग दिखाने वाली सिद्ध हो रही है, जो इक्कीसवीं सदी की आध्यात्मिकता की परम आवश्यकता है।

सन्त आंडाल

सन्त कवयित्री आंडाल का मूल नाम गोदादेवी है। अपने इष्ट भगवान् कृष्ण के साथ स्वप्न में विवाह करने वाली, उसे सत्य मानकर फूलों और स्व-रचित प्रेमपूर्ण माधुर्य रस पगे गीतों की मालाएँ पहनाने और फिर इष्ट द्वारा स्वीकार किये जाने वाली होने से अर्थात् इष्ट पर शासन करने से उसे 'आंडाल' नाम मिला। आंडाल का अर्थ होता है 'शासिका'। वह तमिल की नारी-सन्तों में विशिष्ट स्थान तो रखती हैं, तमिल के वैष्णव सन्तों में भी अत्यन्त सम्मानित सन्त हैं। आलवार भक्त कवयित्री आंडाल ने सन् 716 ई. में 'तिरुप्पावै-श्रीव्रतम्' की रचना की थी। उनकी दूसरी रचना का नाम 'नाच्चियारु तिरुमोलि' है। मीरा को ध्यान में रखते हुए, उससे कई सौ साल पहले होने वाली इस अनन्य कृष्णभक्त सन्त को बखूबी पहचाना जा सकता है। वह आठवीं शताब्दी में सगुण कृष्ण को अपना पति मानकर तथा उसे अपना वशवर्ती बनाकर उनकी शासिका बन बैठी थी; सम्प्रदाय ग्रन्थों में विद्वानों ने आंडाल को भू देवी माना है।

इस अनोखी सन्त के जन्म की घटना भी अनोखी है। श्रीविल्लिपुत्तूर गाँव के निवासी विष्णुभक्ति के अनन्य साधक पोरियालवार विष्णुचित्त नाम के साधक अपने उपवन में भगवान को पूजा के लिए फूल चुन रहे थे। उन्हें तुलसी के पौधे के पास एक कन्या पड़ी हुई मिली। इसे वह अपने घर ले आये और बड़े स्नेह से उसका पालन-पोषण करने लगे। इस कन्या के मन में बचपन में ही भगवान् कृष्ण के प्रति प्रेम व्याप्त गया। वह कृष्ण को अपने से इतना अभिन्न मानती थी कि प्रतिदिन कृष्ण को पहनाई जाने वाली माला स्वयं पहन लेती और अपने में ही कृष्ण के सौन्दर्य एवं रूप को निहारकर मुग्ध होती। कहते हैं कि पिता ने एक दिन ऐसा करते देखकर भगवान् कृष्ण को दूसरी नयी माला अर्पित की, तब भगवान् ने स्वप्न में विष्णुचित्त से कहा कि गोदा की पहनी हुई माला उन्हें अतीव प्रिय है। तब से पिता अपनी इस पालित पुत्री गोदा को कृष्ण को अनुशासित करने वाली, अपने प्रेमपाश में बाँधने वाली शासिका—'आंडाल'—कहने लगे। आज भी मार्गशीर्ष

महीने में अविवाहित कन्याएँ सूर्योदय से पूर्व नदियों में पुण्यस्नान करके मनोकामना की पूर्ति का व्रत रखती हैं, प्रार्थना करती हैं, योग्य वर की प्राप्ति की मनौती मानती हैं। 'तिरुप्पावै-श्रीव्रतम' तमिल भाषियों का, साहित्य-प्रेमियों का प्रिय ग्रन्थ है। इसमें तीस पद्य 'पावै व्रत' (कात्यायनी व्रत) से सम्बन्धित हैं, जिनमें उद्देश्य का विविध फल आदि का वर्णन है। दूसरा ग्रन्थ आंडाल का स्वप्न-द्रष्ट विवाह के वर्णन को लेकर है, जो विवाहादि शुभ अवसरों पर गाया जाता है। इसमें आंडाल के रचे 143 पद हैं। कहते हैं कि आंडाल के आग्रह पर ही पिता विष्णुचित्त ने उसका विवाह श्रीरंग में स्थित भगवान् श्रीरंगनाथ से करवाया तथा उसी शुभ अवसर पर प्रेमाविष्ट भाव में आंडाल श्रीरंग की ज्योति में विलीन हो गयी।

आंडाल की रचनाओं में वेदवाणी एवं उपनिषदों के रहस्यमय तत्त्वों को देखकर बाद में विशिष्टाद्वैतवाद के प्रतिष्ठापक श्री रामानुजाचार्य आंडाल के गीतों में भाव-विभोर हो जाते थे। श्री वेदान्तदेशिकाचार्य ने आंडाल को आधार बनाकर 'गोदा स्तुति' नामक ग्रन्थ लिखा। राजा श्रीकृष्णदेवराय ने भी आंडाल के जीवन एवं भक्ति को विषय बनाकर तेलुगु भाषा में 'आमुक्तमाल्यदा' महाकाव्य लिखा। तमिल प्रदेश में प्रत्येक प्रमुख विष्णु मन्दिर में आंडाल की मूर्ति स्थापित होना भी सिद्ध करता है कि आंडाल लोकजीवन में देवी के समान पूज्य है एवं प्रेरणा की प्रतीक है। उसकी वाणी में लोक-समाज, देश के कल्याण की भावनाएँ भी अनुस्यूत हैं। सूरदास और मीरा के कृष्ण, उनकी लोक-कल्याणी लीलाओं का स्मरण हो आना, आठवीं शताब्दी में आंडाल की वाणी की चरितार्थता सिद्ध होती है।

आंडाल के एक पद का भावार्थ यहाँ दे देना उपयुक्त होगा, जिससे उसकी देशप्रेम की भावना, लोक-संग्रही चेतना, धार्मिकता एवं नैतिक आचरण को अनुकरणीय बनाती है। आंडाल का कथन है—"यदि हम त्रिविक्रम विष्णु के नाम पर कीर्तन करते हुए व्रतादि के लिए स्नानादि करके सद् आचरण करेंगी तो समस्त देश कष्ट रहित हो जायेगा। महीने में तीन बार वर्षा होगी। देश लहलहाते खेतों से सुन्दर बनेगा, सरोवरों में कमल-फूल सुशोभित होंगे, रंग-बिरंगी मछलियाँ होंगी तथा देश अक्षय धन-धान्य से परिपूर्ण होगा। गायों के नीचे दूध भरपूर होगा, ग्वाले दिन-रात दोहन में व्यस्त रहेंगे, उनकी गागरें दूध से लबालब भरी रहेंगी।"

किन्तु यहीं यह भी देखा जा सकता है कि अपने इष्ट के लिए मधुर-भक्ति में सराबोर आंडाल अपने आस-पास के जीवन और समाज से, उसकी पीड़ाओं से, हर्ष-विषाद से कटी हुई भी नहीं थीं। यह पक्ष उसके व्यक्तित्व को अन्य बाद में हुए कृष्ण भक्तों से विशिष्ट बना देता है। उस वाणी में जीवन को नित्य क्रियाओं-कार्यों-कर्मों के निर्वाहण के उपदेश भी मिलते हैं। लोकपक्ष की भावना भी

उसकी वाणी में अमुखर नहीं रहती। वह देश-समाज के कष्टों को दूर करने के लिए भी इष्ट से प्रार्थना करती है। वह प्रार्थना करती है कि देश को धन-धान्य से तथा आठ प्रकार की सिद्धियों से परिपूर्ण किया जाये। आंडाल अपनी भक्ति के इस मण्डल में अपने साथ अपनी प्रकृति-प्रवृत्ति-दुख-कष्ट में घिरी अपनी सखियों को भी साथ लेकर उन्हें भी भक्ति-मुक्ति का मार्ग दिखाती है। उसकी भक्ति, अकेले की मुक्ति नहीं, सबके साथ मुक्ति की पक्षधर और चिन्ता करने वाली थी। स्वात्म उद्धार के साथ लोकोद्धार की चेतना भी आंडाल को लोकमानस में आराध्य देवी का रुतबा दिलाने वाली सिद्ध हुई। आंडाल का यह विश्वास कि देश को, लोगों की सुख-समृद्धि भी तभी मिल सकती है जबकि उनमें धर्म-भावना (सब के हित-चिन्ता की भावना) तथा नैतिक उच्च आचरण की चेतना विकसित हो। आंडाल की उक्त विचारणा की साक्षी उनके कई पदों में लक्षित की जा सकती है।

सन्त अक्कमहादेवी

अक्कमहादेवी कर्नाटक की शिवयोगिनी सन्त हुई हैं। वह श्री मल्लिकार्जुन की अनन्य भक्त थीं, जो आध्यात्मिक साधना को ही अपना सम्पूर्ण रूप, यौवन तथा जीवन समर्पित कर चुकी थी और अन्ततः उसी परम प्रियतम से मिलकर एकाकार हो गयी। अक्कमहादेवी का जन्म शिवमोधे जिला के अन्तर्गत 'बल्लगावे' नामक गाँव में हुआ। उसके पिता का नाम विमल और माता का नाम सुमति था। दोनों शिवभक्त थे और निर्धन रहते हुए भी सन्तुष्ट थे। अक्कमहादेवी के मन में, बालपन में ही, 'शरण सती लिंग पति' का भाव गहरे में समा गया था। कहते हैं कि अक्कमहादेवी के रूप-सौन्दर्य से मुग्ध होकर जैन राजा कौशिक ने उसके गरीब माता-पिता को बाध्य किया कि वे अपनी पुत्री का विवाह राजा से कर दें। अक्कमहादेवी तो 'श्री चेन्नमल्लिकार्जन भगवान' को अपना सर्वस्व मान चुकी थी, किन्तु माता-पिता की विवशता को भाँपते हुए उसने विवाह की तीन शर्तें रखीं और राजा से मनवाया कि विवाह के उपरान्त यदि उसने कोई भी शर्त भंग की तो वह वहाँ नहीं रहेगी। हुआ वही जिस बात की आशंका थी। राजा ने शर्तों का उल्लंघन किया तब अक्कमहादेवी राजा का महल और सब सुख-भोग, जिसमें उसकी पहले भी रुचि नहीं थी, छोड़कर चली गयी। वह स्वतन्त्र हो गयी। परमात्म प्रिय के ध्यान में बावरी-सी होकर घूमती रही। बाद में 'कल्याण' नामक स्थान पर पहुँची। वीरशैवों के प्रमुख सन्त से दीक्षा लेकर 'शिवानुभव मण्डप' की सदस्य बन गयी। सन्तों की इस मण्डली में उसका समुचित आदर-सत्कार हुआ। यहाँ अक्कमहादेवी को आध्यात्मिक अनुभव की ऊँचाइयाँ प्राप्त हुईं। किन्तु उसकी आत्मा को अभी भी वह आनन्द और मुक्ति की अनुभूति नहीं हो रही थी, जिसकी उसे तड़प थी। अन्ततः वह 'श्री शैल' गयी। और सर्वान्तरयामी प्रियतम में विलीन हो गयी।

अक्कमहादेवी सन् 1131 में जन्मे बसवेश्वर से दीक्षा लेकर 'शिवानुभव मण्डप' में सम्मिलित हुई थी। इस आधार पर अनुमान लगाया जा सकता है कि

वह बारहवीं सदी के उत्तरार्द्ध में जन्मी होगी।

अक्कमहादेवी की चार रचनाएँ मिलती है :—'महादेवी अक्क के वचन' 'योगांग त्रिविधि', 'सृष्टिय वचन' तथा 'अक्कगल पीठिके'। ये चारों ग्रन्थ उसकी आध्यात्मिक अनुभूतियों, विचारों का दर्पण हैं तथा इनमें धर्म के तत्त्वों का बोधगम्य शैली में निरूपण हुआ है। प्रेम, भक्ति, वैराग्य को कई-कई दृष्टान्तों के माध्यम से स्पष्ट एवं मूर्त किया गया है। एक स्थान पर वह अपनी व्याकुलता को, छटपटाहट को स्पष्ट करने के लिए कहती है, बन्धन में पड़ा हुआ हाथी जैसे विन्ध्याचल में घूमने-विचरने के लिए तड़पता है या जैसे पिंजरे में कैद पक्षी अपने प्यारे बन्धुओं की याद करता रहता है उसी प्रकार मैं ऐ प्रभु आप का चिन्तन करती रहती हूँ। हे चेन्न मल्लिकार्जुन मुझे अपने पास बुलाओ।"

अन्य पदों में आत्म-साधना में उसकी वीर वाणी सुनी जा सकती है। वह कहती है, "चन्दन को काटकर, घिसकर गन्ध निकालने के कष्ट में क्या चन्दन सुगन्ध-रहित हो जाता है? (अर्थात् नहीं होता) इसी प्रकार सोने को पत्थर की कसौटी पर घिसने-कसने से क्या वह कलंकित हो जाता है? गन्ने के टुकड़े बना कर पेरने से क्या वह अपनी मिठास खो देता है? पिछले जन्म के अपने निम्न कर्मों को यदि तुम्हारे आगे रखूँ तो तुम्हें क्या हानि है? मेरे परम पिता चेन्नमल्लिकार्जुन मुझे मार भी डालें तो भी मैं उनकी शरण कभी नहीं छोड़ूँगी। अतः कठिनाइयों, मुसीबतों को वह प्रभु का वरदान मानकर वीर जैसे धैर्य से सहने को तत्पर थी।

एक अन्य वचन में अक्कमहादेवी कहती है, "यह शरीर जब तुम्हारे ही रूप से बना हुआ है, तुम्हारा रूप हो गया है तो अब मैं किससे भेंट करूँ? मेरा मन जब तुम्हारा ही मन बन गया है तो अब मैं किसे याद करूँ? जब मेरा प्राण तुम्हारा ही रूप हो गया है तो अब मैं किसकी आराधना करूँ? जब ज्ञान तुम्हारा ही रूप बन गया है तो किसको जानने की कोशिश करूँ? हे, चेन्नमल्लिकार्जुन तुम्हीं बताओ! इस प्रकार मैं तुम्हीं बनकर रह गयी हूँ!" अतः हम देखते हैं कि अद्वैत चेतना की सर्वोच्च भूमि पर पहुँची अक्कमहादेवी सन्तई के ऊँचे शिखर पर विराज रही है। उसने भक्ति, ज्ञान, धर्म, साधना की परिपक्वता और ऊँचाई ग्रहण की है और अन्यों के लिए दुर्लभ आदर्श बन गयी है।

सन्त महदम्बा (महदायिसा)

महानुभावीय सम्प्रदाय की महदायिसा मराठी, भाषी ऐसी प्रथम सन्त कवयित्री है, जिसने हिन्दी में भी वाणी कही है। इनके जन्म तथा मृत्यु के सम्बन्ध में निश्चित तिथियाँ ज्ञात नहीं हैं। हाँ, इनका प्रयाण काल शके 1230 से पूर्व माना जाता है, क्योंकि महदायिसा नागदेवाचार्य की चचेरी बहिन थी और वह नागदेवाचार्य के साथ ही सन्त चक्रधर की अनुयायी बन गयी थीं। इनको महदम्बा तथा रूपाई भी पुकारा जाता था। इनका थोड़ा-सा परिचय जो उपलब्ध होता है, वह 'नागदेव-स्मृति' नामक ग्रन्थ से ही ज्ञात होता है। वह बाल-विधवा थीं। सन्त चक्रधर के देहावसान के पश्चात् वह ऋषिपुर में गोविन्द प्रभु के पास रहने लगी थीं। वह अत्यन्त विदुषी थीं और इनकी गुरु भक्ति बहुत गहरी और प्रबल थी। नागदेवाचार्य ने इन्हें आदर से वृद्धा (महतारी) कहा है। इस कवयित्री ने मराठी में 'धवले', 'मातृकी-रुक्मिणी-स्वयंवर' और 'गर्भकाण्ड ओव्या' नामक ग्रन्थों की रचना की और ख्याति अर्जित की। इन्हें मराठी में प्रथम कथा-काव्य रचयिता का श्रेय भी दिया जाता है। हिन्दी में भी अवश्य पर्याप्त रचना की होगी किन्तु एक पद ही प्राप्त होता है, शेष अनुपलब्ध है। पद इस प्रकार है :

> **"नगर द्वार ही भिच्छा करो हो, बापुरे मोरी अवस्था लो।**
> **जिहाँ जाबो तिहाँ आप सरिसा कोउ न करी मोरी चिन्ता लो।**
> **हार चौहाटां पड़ रहूँ हो माँग पंच घर भिच्छा**
> **बापुड लोक मोरी अवस्था कोउ न करी मोरी चिन्ता लो।"**

इस पद में महदायिसा अपनी करुण दशा का वर्णन करती हैं। साधिका भिक्षा माँग कर निर्वाह करती है। उसकी सुध कोई नहीं लेता। वह चौहाटे में पड़ी रहती है। रहने तक को उसके पास स्थान नहीं है। वह अपने गुरुदेव को ही पुकारती है। वही उसकी इस दुर्वस्था की चिन्ता करने वाले हैं। अतः महदायिसा का गुरु में अटूट विश्वास प्रकट होता है। उसकी गुरु भक्ति प्रसिद्ध थी।

लोक कल्याण की भावना से अनुप्रेरित 'महानुभाव-पंथ' के सन्तों ने जन

भाषा मराठी में रचनाएँ कीं तथा भगवान् कृष्ण की भक्ति का प्रचार-प्रसार किया। महदायिसा ने महानुभाव-पंथ के साहित्य एवं भाव-प्रसार में महत्त्वपूर्ण योगदान किया है। वह कवयित्री होने के साथ-साथ बौद्धिक सम्पदा की स्वामिनी, विरक्त साधवी तथा 'परमार्ग' की ज्ञाता थीं। कहते हैं महीन्द्र भट्ट की रचना 'लीला चरित्र' में महदायिसा ने रचनात्मक सहयोग दिया था। इसी तथ्य से उसकी आध्यात्मिक पहुँच एवं बुद्धिमत्ता का अनुमान लगाया जा सकता है। शके 1225 के आस-पास इनका ब्रम्हलीन होना स्वीकार किया जाता है।

महानुभाव सम्प्रदाय भी वारकरी सम्प्रदाय, दत्त सम्प्रदाय, समर्थ सम्प्रदाय के समानान्तर ही महाराष्ट्र में विकसित हुआ। ईसा की तेरहवीं शताब्दी में उद्भूत इसमें कृष्ण भक्ति को केन्द्र में रखा गया है। लोगों में यह 'महानुभाव', 'जयकृष्णी पंथ', 'महात्मा पंथ' नाम से प्रतिष्ठित हुआ है तो गुजरात में 'अच्युत पंथ' के नाम से तथा पंजाब में 'जय कृष्णी पंथ' के नाम से। काबुल-कंधार तक इस सम्प्रदाय का विस्तार हुआ। महदायिसा ने इस सम्प्रदाय के विकास-विस्तार में महत्त्वपूर्ण योगदान दिया।

सन्त वेणास्वामी

सन्त गुरु रामदास के सम्प्रदाय से जुड़ी समर्थकन्या वेणास्वामी भी मराठी नारी सन्तों में अपना विशेष स्थान रखती हैं। अपने गुरु के इष्ट रामभक्त हनुमान की वह अनन्य आराधिका थीं। उन्होंने गुरु के साथ उनके समूचे भक्ति अभियान में दत्तचित्त होकर साथ दिया और यात्राएँ भी कीं। वेणास्वामी का जन्म कोल्हापुर में हुआ। इनके पिता गोपाजी देशपांडे के श्वसुर रामपंथी भक्त थे। अतः नाना और माँ-पिता से अत्यन्त स्नेह के साथ राम भक्ति के संस्कार बचपन में ही मिल गये थे वेणास्वामी को। यही आगे चलकर उसकी भक्ति एवं लेखनी के आधार बने। पिता ने तत्कालीन सामाजिक रूढ़ परम्परानुसार आठ वर्ष की वय में ही वेणास्वामी का विवाह मिरज के एक परिवार में कर दिया। दुर्भाग्य का लेखा था कि पति की शीघ्र ही मृत्यु हो गयी। तत्कालीन रीति के अनुसार शेष जीवन वेणास्वामी को प्रभु-भक्ति में साधनारत रहकर ही व्यतीत करना था। उसे 'एकनाथी भागवत' का नित पाठ करने और भक्ति में लीन रहने का आदेश प्राप्त हुआ।

एक बार समर्थ रामदास भिक्षा लेते हुए उसके घर पर भी आये और उसे भागवत का पाठ करते हुए देखा तो जिज्ञासावश पूछ लिया कि आप जो पढ़ रही हैं, इसको समझ भी रही हैं? वेणाबाई ने सरलता से अपनी अनभिज्ञता प्रकट की और उनसे जीव, जगत, ब्रह्म, जन्म, मृत्यु, सगुण-निर्गुण, विद्या, अविद्या, शून्य, चैतन्य, आत्मा, परमात्मा विषयक पच्चीस प्रश्न पूछे, जिनके बारे में समर्थ गुरु रामदास ने उसे ज्ञान दिया और सन्तुष्ट किया। इस चर्चा के उपरान्त वेणाबाई उनसे अत्यन्त प्रभावित हुईं। उनके जाने के बाद उसे लगा कि जैसे वह वेणाबाई की देह, मन, आत्मा—सर्वस्व अपने साथ ले गये हैं। वस्तुतः उन्होंने जैसे उसकी चेतना पर शक्ति का आघात किया हो। वह हर समय एक उन्मादनी-भक्ति की लहर में डूबी रहने लगी। ससुराल वालों को वेणाबाई का यह स्वरूप नहीं भाया तो उन्होंने उसे उसके मायके में भेज दिया।

वेणाबाई मायके आयी तो कुछ ऐसा संयोग घटित हुआ कि गुरु रामदास

पर्यटन के दौरान कथा-वार्ता करते वहाँ आये। तब वेणाबाई निस्संकोच उनके साथ धर्म चर्चा करने, कथा सुनने आ जाती। तत्पश्चात् उसने गुरु रामदास से विधिवत दीक्षा ले ली। स्वाभाविक था उसके परिवार वालों और गाँव वालों की ओर से इसका विरोध होना। कड़ा विरोध हुआ, क्योंकि समर्थ रामदास की वय उस समय चालीस वर्ष के करीब थी और वेणाबाई तरुणी थी। सुन्दर थी। सभी लोगों का शंकालु होना भी अस्वाभाविक नहीं था, क्योंकि वे सांसारिक चलन और सोच से बँधे हुए थे। इससे हटकर सोचना सहज और आसान नहीं था। किन्तु वेणाबाई और गुरु रामदास के शिष्य-गुरु के आध्यात्मिक निर्णय को कोई भी तोड़ नहीं पाया। वे लोग गुरु-शिष्य के इस आदर्श एवं उच्च आध्यात्मिक-सामाजिक उत्थान-यात्रा-अभियान को तब समझ नहीं पाये। अतः पारिवारिक विरोध के साथ ससुराल वाले भी जुड़ गये। माता-पिता ने वेणाबाई को घर में बन्दी बनाकर उसका कहीं भी आना-जाना बाधित कर दिया। कहा जाता है कि उसे विष दे दिया गया, किन्तु वह अपने धर्म-गुरु के नाम का तथा भगवान् का स्मरण करती रही। यहीं एक चामत्कारिक घटना घटी। कहा जाता है कि उस बन्दी दशा में गुरु रामदास ने अपनी छड़ी के स्पर्श से उसका विष बे-असर कर दिया। वेणाबाई की बेहोशी टूटी और उसने रामदास के चरणों का स्पर्श कर प्रभु को धन्यवाद दिया। घर वालों ने यह सारा दृश्य देखा-जाना तब वेणाबाई के प्रति उनके मन में सद्भाव एवं संवेदना जगी और वे उसके प्रति सहिष्णु हो आये। तब लोगों को समर्थ गुरु रामदास के निर्मल उद्देश्य और दिव्य संकल्प का भी अहसास हुआ। उनके सन्तभाव की प्रतीति हुई।

यह ऐतिहासिक तथ्य है कि गुरु रामदास तेरहवीं शताब्दी में उत्पन्न हुए, तब महाराष्ट्र में मुस्लिम सत्ता का बहुत दबदबा था। जन-जीवन त्रस्त और विवश था। नामदेव तथा उनके वारकरी सम्प्रदाय के प्रचार-प्रसार का प्रभाव जन-जीवन में प्रतिकार की चेतना नहीं जगा पा रहा था। मात्र भक्तिभाव में डूबे सहनशील लोग किसी तरह जीवन-निर्वाह कर रहे थे। एकनाथ के आविर्भाव के पश्चात् जो चेतना का स्फुरण जगा उसे ज्ञानेश्वर और तुकाराम ने कुछ स्थायित्व तो दिया, किन्तु कोई उत्तेजना नहीं दिया।

ऐसे समय में एकनाथ द्वारा जगाई गयी चेतना के साथ रामदास के व्यापक जन-जागरण अभियान के मेल से जो लहर उत्पन्न हुई उस समय महाराष्ट्र की धरती पर महाराज शिवाजी का जन्म हुआ। यह एक अनोखा संयोग था। धार्मिक चेतना के साथ सांस्कृतिक स्वाभिमान और राजनीतिक स्वतन्त्रता-बोध का जुड़ाव सहज ही हो गया। गुरु रामदास ने अपने आराध्य-देव की आराधना हेतु जगह-जगह

'मारुति' मन्दिरों की स्थापना की। इसका मुख्य हेतु 'राजकार्य' के सूत्रों को अपने हाथों में लेने के लिए जन को जगाना—प्रेरित करना था। उन्होंने रामकाज और राजकाज—दोनों को जोड़कर एकसूत्र में बाँध दिया।

उक्त महत्तम कार्य में वेणाबाई बहुत बड़ी सहायिका सिद्ध हुई। जहाँ भी गुरु रामदास जाते वेणाबाई सदा उनके साथ जाती और संगठन कार्य में—राम और राजकार्य के विस्तार में हर प्रकार से सहयोग पहुँचाती रही। दूसरी ओर रामदास के इस अभियान और कार्य की आधार भूमि का सर्वोत्तम उपयोग शिवाजी के उद्देश्यों को मिला तो इसमें परोक्ष रूप में वेणाबाई के त्याग, तप, निष्ठा, लगन और कार्यकुशलता को बड़ा श्रेय जाता है। क्योंकि रामदास जी की यात्राओं, अभियानों में नारियों को अधिकाधिक जोड़ना मडलियों का गठन करना, जाति-पाति के विभेदों को मिटाकर पूरे समाज को सम्मान और समानता के एकसूत्र में बाँधने के काम वेणाबाई को ही देखने-करने होते थे।

वेणाबाई ने प्रेरणाएँ तो अपने गुरु से प्राप्त कीं, किन्तु उसने अपने काव्यों की रचना स्वयं की चेतना के बल पर की। 'सीता स्वयंवर', 'रामायण' तथा अन्य फुटकर काव्यों की रचना में वेणाबाई ने अपनी प्रतिभा का परिचय दिया है। काव्य रचना, जीवन-दृष्टि की व्यापकता तथा एक समाज संगठनकर्त्री के अन्तिम समय में उसके गुरु उसके पास थे। उन्होंने उसके प्रति गहरा आभार एवं होने वाला अभाव व्यक्त करते हुए मानो कहा, 'हे बाई, तुझे बैकुण्ठ जाने की इतनी क्या जल्दी है। उठो मुझे भोजन बनाकर दो। तुम चली जाओगी तो मुझे भोजन बनाकर कौन देगा।' फिर स्वयं की भावुकता को सँभाला और चैत्र वद्य 14, शके 1600 को अपने शिष्यों की सहायता से असंख्य लोगों के साथ उसे विदाई दी। ऐसी सन्त वेणाबाई का स्थान भारत की सन्त नारी परम्परा में अपनी विशिष्ट पहचान रखता है।

सन्त बावरी साहिबा

निर्गुणपंथी सन्तों में बावरी साहिबा का भी महत्त्व का स्थान है, इनके नाम से बावरी पंथ प्रसिद्ध हुआ। मुगल सम्राट अकबर के समय इनका जन्म सन् 1542 ई. तथा देहान्त सन 1605 ई के आस-पास माना जाता है। इनके मूल नाम से अधिक प्रचलित प्रसिद्ध नाम बावरी इनकी भक्तिमय चित्त-वृत्ति का भी परिचायक है। यह परमात्मा की भक्ति में अपने होशोहवास खोकर बावरी (पगली) जैसी स्थिति में आ जाया करती थीं। निम्न सवैया इनके द्वारा रचा हुआ माना जाता है, जिसमें इनकी भाव भक्ति एवं सम्प्रदाय की झलक मिल जाती है :

बावरी रावरी का कहिये, मन ह्वै के पतंग भरै नित भाँवरी।
भाँवरी जानहिं सन्त सुजान, जिन्हें हरि रूप हिये दरसावरी।
साँवरी सूरत मोहनी मूरत, दै करि ज्ञान अनन्त लखावरी।
साँवरी सौंह तिहारी प्रभू, गति रावरी देखि भई मति बावरी।

मन कीट-पतंगे की तरह ईश-रूपी ज्योति के चारों ओर भाँवरी लेने को बाध्य हो जाता है, तब इस तुम्हारी पगली की क्या दशा हो जाती है, उसका क्या वर्णन किया जाये। जिन सन्तों को अपने हृदय में आप के दर्शन हो जाते हैं, उनकी भ्रामरी-वृत्ति का क्या बखान किया जाये। तुम्हारी साँवरी सूरत और मन को मोहने वाली मूरत का ज्ञान देकर अनन्त के दर्शन करा दिये हैं। बावरी को तुम्हारी सौगन्ध है कि तुम्हारी झलक पा कर बावरी सचमुच पागल हो गयी है।

बावरी पंथ में कई प्रसिद्ध सन्त हुए हैं। सन्त यारी साहब (सन् 1668 ई. से 1723 ई.) हुए हैं। इनके शिष्यों में बूला शाह तथा बूलाशाह के शिष्य हुए जगजीवन साहब और गुलाल साहब। इन्हीं गुलाल साहब के शिष्यों में भीखा साहब अधिक प्रसिद्ध सन्त हुए हैं। इस पंथ में आगे चलकर सन्त पलटू हुए। इस पंथ के सन्तों में गहरी आध्यात्मिक मस्ती, एक दीवानापन तथा चिन्तन के तल पर अद्वैत दर्शन की अभिव्यक्ति उपलब्ध होती है।

सन्त मुक्ताबाई

महाराष्ट्र की सन्त परम्परा में 'नाम-चतुष्टय' के रूप में विख्यात निवृत्तिनाथ, ज्ञानदेव, सोपानदेव तथा मुक्ताबाई अपनी विशिष्ट उपस्थिति रखते हैं। महाराष्ट्र में बड़े आदर-सम्मान के साथ चारों को स्मरण किया जाता है। एक ही परिवार के चारों सदस्य, चारों ही उच्चकोटि के सन्त। इनके पिताश्री ने लगता है किसी दैवी अनुभूति या प्रेरणा से इनके आध्यात्मिक-प्रतीकात्मक नामकरण किये थे। सांसारिकता से 'निवृत्ति' से लेकर 'ज्ञान' के 'सोपान' चढ़ते हुए 'मुक्त' होने तक की प्रतीकात्मक यात्रा!

मुक्ताबाई अपने बचपन में ही आध्यात्मिक वातावरण में पली। चारों ओर आठों याम अध्यात्म। आत्म और परम-आत्म के संसर्ग में संस्कारित बालिका शीघ्र ही तलहटी से शिखरों की ओर प्रस्थान की उत्साहप्रद प्रेरणाओं के सहारे तीव्र डग भरती हुई। साथ ही तीनों भाइयों का अध्यात्म-अभियान! क्या कहने! विश्व के आध्यात्मिक इतिहास की अनूठी मिसाल! मुक्ताबाई अध्यात्म अनुभूतियों एवं आत्मिक ऊर्जा से ओत-प्रोत अपने व्यक्तित्व को सार्थक करने की दिशा में अग्रसर! उसकी कविताएँ भी नारी मन की कोमलता, कल्पनाशीलता एवं अन्तरायामिता से रू-ब-रू करती हुई। मुक्ताबाई के अभंग मात्रा में भले ही कम हों—गिनती के पचपन, किन्तु उनमें अध्यात्म, भक्ति, नाम स्मरण एवं कीर्तन की उपलब्धियों से प्राप्त 'आनन्द के भाव व्यक्त हुए हैं।

मुक्ताबाई के गुरु सबसे बड़े भाई निवृत्तिनाथ थे। उन्हीं से उसने उपदेश व नाम प्राप्त किया था। तत्पश्चात् अपनी भावना कुछ इस प्रकार व्यक्त की कि 'निवृत्ति जी ने मुझे शक्ति प्रदान कर दी है। मेरे चित्त को अब शान्ति मिल गयी है। मन उन्मन हो गया है। सारा चराचर संसार और यहाँ दृष्टिगोचर सब वस्तुओं में परम-आत्मा की झलक है। पूरे ब्रह्माण्ड में ब्रह्म चेतना ही व्याप्त है। उससे बाहर कुछ नहीं। सारा संसार मेरे लिए मधुर है। एक से बढ़कर एक उत्तम एवं श्रेष्ठ भाइयों की संगति ने मुझे 'आनन्द' के अलंकारों से विभूषित कर दिया है।' ऐसे अहोभावपूर्ण उद्गार मुक्ताबाई के हृदय की मुक्त दशा एवं आनन्दानुभूति का

परिचय देते हैं।

मुक्ताबाई के आध्यात्मिक अनुभव बड़े व्यापक थे। एक ओर सगुणोपासना और विट्ठल-प्रेम से युक्त अनुभव तो दूसरी ओर अद्वैत के निर्गुणी प्रभाव, तीसरी ओर योगानुभवों की सम्पत्ति से धनवान! योग ज्ञानानुभव को देखते हुए ही योगी चांगदेव भी मुक्ताबाई के शिष्यत्व को स्वीकार करने को बाध्य हुआ।

मुक्ताबाई आयु में छोटी होते हुए भी कभी-कभी अग्रजा की भूमिका निभाती थी। एक बार की घटना है कि लोक-निन्दा को सहन न कर सकने के कारण ज्ञानेश्वर अत्यन्त क्रोधित होकर एक कमरे में चिटकनी लगाकर स्वयं को भीतर बन्द करके बैठ गये। तब मुक्ताबाई आगे बढ़ी, अपने बड़े भाई ज्ञानेश्वर को सांसारिक-व्यावहारिक ज्ञान देने लगी, किन्तु अत्यन्त स्नेहपूर्ण, विनम्र वाणी में कि इस संसार में सन्त को विरक्त की भाँति ही रहना होता है, लोभ-अहंकार से रहित एवं दयाभावना तथा क्षमाभाव से युक्त होकर। दुनियावी लोगों की निन्दारूपी अग्नि को सन्त जलवत ठण्डा कर देते हैं। आय स्वयं भी तरो और दूसरों को भी तारो। यही सन्त का जीवन और कर्म है।

मुक्ताबाई ने उलटबासियाँ भी लिखी। उनमें से एक तो अति प्रसिद्ध है, जिसमें उसने अपने उत्कट आध्यात्मिक अनुभव को व्यक्त किया है—"चींटी ने आसमान में उड़कर सूर्य को निगल लिया। आश्चर्य देखो, बाँझ औरत ने पुत्र को जन्म दिया। बिच्छू पाताल लोक में गया और शेषनाग ने उसके चरणों पर अपना शीश झुका दिया। मक्खी ने चील को जन्म दिया। इन अद्‌भुत घटनाओं को देखकर मुक्ताबाई को हँसी आयी।" इस उलटबासी में मुक्ताबाई ने योग की रहस्यानुभूतियों को प्रतीकों के माध्यम से व्यक्त किया है। नाथपंथी योगियों की वाणी में भी यही पद्धति अपनाई जाती थी।

उलटबासी पद्धति से अलग मुक्ताबाई ने ग्राम गीतों की पद्धति भी अपनाई। उसके झूलने के गीत महाराष्ट्र में खूब प्रसिद्ध हैं। इनमें मुक्ताबाई ने ग्राम गीत में 'योगमार्ग' की प्रक्रिया, दशा एवं अनुभव का अनुभूत चित्र प्रस्तुत किया है। मुक्ताबाई में अपने आध्यात्मिक अनुभवों को मधुर एवं सरस वाणी में व्यक्त करने की क्षमताएँ भी थीं अपने शिष्य चांगदेव को बालक की भाँति मानकर समूचे रूपक के माध्यम से व्यक्त करना—और चांगदेव के लिए उपदेशात्मक अभंगों की रचना करना। इससे मुक्ताबाई के सन्त एवं मातृत्वपूर्ण चरित्र की झलक मिलती है।

कहते हैं शक संवत 1219 वैशाख 12 के दिन जब मुक्ताबाई भौतिक देह से मुक्त हो रही थी, तब प्राकृतिक वातावरण भी बहुत विक्षुब्ध था। आकाश में भयंकर मेघ गर्जन, बिजली का प्रताड़ित आघात। जनमानस की विक्षुब्ध आहत मानसिकता को प्रतिबिम्बित कर रहा था।

सन्त सोयराबाई

सन्त सोयराबाई वारकरी पंथ के विख्यात सन्त 'चोखामेला' की पत्नी हैं, किन्तु दोनों—पति-पत्नी की भक्ति, सेवा और वारकरी सम्प्रदाय के प्रचार-प्रसार में योगदान को देखते हुए भी वारकरी-रूपक में कोई स्थान नहीं दिया गया। वारकरी रूपक को भक्ति मन्दिर के रूप में—एक भवन माना गया है, जो अपनी सटीक कल्पना के लिए अति विख्यात रहा है। पंथ में समय-समय पर विख्यात सन्तों के योगदान को इस प्रकार उल्लिखित किया गया है—इस मन्दिर की नींव सन्त ज्ञानेश्वर हैं तो नामदेव इस मन्दिर का परिसर है। एकनाथ इसके स्तम्भ है तो तुकाराम इस का कलश हैं। बहिणाबाई इस मन्दिर के ऊपर फहरती हुई ध्वजा है। कुछ विद्वान सोयराबाई को मन्दिर में होने वाली आरती, कीर्तन, पूजा से उठने वाले 'स्वर' के रूप में देखने की बात कहते हैं। चोखामेला-चोखोबा ने ही अपनी पत्नी को भी भक्ति के पथ की ओर प्रेरित-प्रोत्साहित किया। चोखोबा का परिवार 'मंगलवेढा' गाँव में रहता था। इस पति-पत्नी के जन्मकाल का यों तो कोई सुनिश्चित पता नहीं चलता, हाँ चोखोबा की मृत्यु का समय शालिवाहन शक 1250, वैशाख वदी (वद्य) 5 माना जाता है। इस तथ्य का उल्लेख सोयराबाई के अभंगों में हुआ है। सोयराबाई सन्तान के लिए पांडुरंग (भगवान्) से सदा प्रार्थना करती रहती थी। कहा जाता है कि एक बार पांडुरंग एक ब्राह्मण का रूप धरकर उसके घर पधारे और भोजन करने की इच्छा व्यक्त की। सोयराबाई चिन्ता में पड़ गयी कि स्वयं दलित होते हुए वह ब्राह्मण को भोजन करवाकर उसका धर्म भ्रष्ट करने का पाप कैसे करे और लोग भी देखेंगे तो क्या सोचेंगे। फिर भी ब्राह्मण की भूख का विचार करके, वह दही-भात ले आयी और ब्राह्मण को खाने को दे दिये। ब्राह्मण भोजन पाकर प्रसन्न हुआ, किन्तु उसने देखा कि सोयराबाई उसकी बची जूठन को खाने में मग्न है। तब ब्राह्मण ने उसे पुत्रवती होने का आशीर्वाद दिया। चोखोबा जब घर आया तो यह भोजन की बात जानकर सोयराबाई पर क्रुद्ध हुआ कि तूने एक ब्राह्मण का धर्म भ्रष्ट कर दिया है। तब सोयराबाई ने एक अभंग में

कहा कि 'आप व्यर्थ में ही छूत-अछूत की बात मत करें। हम केवल शरीर से ही वर्ण के विचार में बँधे हुए हैं। आत्मा तो इन सब बातों से परे और मुक्त रहती है। और धर्म तो केवल पूजा-पाठ की पद्धति मात्र है। वास्तविक धर्म तो छोटे-बड़े का भेद नहीं रखता। सोयराबाई ने इस प्रकार जाति-पाँति के विचार को नकार कर एक सजग आध्यात्मिक नारी का अपना परिचय दिया।

एक अन्य चामत्कारिक घटना यह हुई कि प्रसूति को निकट पाकर चोखोबा अपनी बहन को कार्य सम्पन्न करने के लिए बहन निर्मलाबाई के घर चला गया किन्तु इधर अकेली सोयराबाई की टहल करने विट्ठल स्वयं निर्मलाबाई बनकर वहाँ सेवा करते रहे। समय पर पुत्र रत्न उत्पन्न हुआ, जिसका नाम कर्ममेला रखा गया। नामकरण संस्कार के भी प्रायः एक माह पश्चात् जब चोखोबा बहन को लेकर घर पहुँचा तो उससे पूर्व ही विट्ठल वहाँ से जा चुके थे। सारी स्थिति जान कर चोखोबा विट्ठल की कृपा के आगे नतमस्तक हो गया। इसके पश्चात् गाँव के एक छोर पर कुछ हरिजन एक दीवार बना रहे थे कि दीवार अचानक गिर पड़ी। उसके नीचे चोखोबा तथा अन्य कई लोग दबकर मर गये। कहते हैं कि स्वयं नामदेव ने सन्त चोखोबा की समाधि बनायी।

सोयराबाई ने अपने अभंगों में अपने दलित होने की पीड़ा का दर्शन भगवान् के प्रति किया है और शिकायत की है कि उसके पति को तो सन्तों की कृपा का प्रसाद मिला, किन्तु मुझे उसकी पत्नी होते हुए भी वंचित रहना पड़ा है।

सोयराबाई के अभंग 'सकल सन्तगाथा' में संकलित है। सांसारिक प्रपंचों के सम्बन्ध में सोयराबाई लिखती हैं कि कितना विचित्र लगता है कि लोग सुख में तो साथ आते हैं, किन्तु दुख में कोई सहायक नहीं होता। सारे पारिवारिक सम्बन्ध—पति, पत्नी, पुत्र-पुत्री, भाई-बहन आदि मात्र सुख के रिश्ते हैं। सबसे बड़ा सत्य, जीवन का, यह है कि अन्तिम समय व्यक्ति अकेला ही रह जाता है। कोई साथ नहीं देता। इस प्रकार सांसारिक जीवन यथार्थ के कई चित्र सोयराबाई ने अपने अभंगों में उतारे हैं। अपनी भक्ति, निष्ठा, निर्भय कथन और सत्यता तथा जाति-पाँति के भेदभाव के विरुद्ध अपने विचार व्यक्त करके सोयराबाई ने जहाँ एक ओर अध्यात्म धर्म निभाया तो वहीं अपना सामाजिक दायित्व-निर्वाह भी किया। इस कारण सन्तों में उसे विशेष स्थान प्राप्त है।

सन्त निर्मलाबाई

सन्त निर्मलाबाई, सन्त चोखोबा की बड़ी बहन अपने भाई की भाँति ही पूरे परिवार के साथ ईश्वर भक्ति में लीन रहने वाली साधिका है। अपने भाई तथा भाभी सोयराबाई के साथ पति और पुत्र के साथ भागवत धर्म की श्रीवृद्धि में अरक्त रहकर अभंग रचना करती रही। भले ही उसने प्रचुर मात्रा में अभंगों की रचना नहीं की। किन्तु उनमें भावों-विचारों की गहनता, व्यापकता में कोई कमी नहीं मिलती!। यह बताना भी अनपेक्षित न होगा कि उनका भाई-बहन सम्बन्ध तो था ही साथ ही निर्मला अपने भाई को अपना गुरु भी मानती थी। इसका उल्लेख उनके अभंगों में परिलक्षित होता है।

भक्ति के विषय में अपने विचार व्यक्त करते हुए वह कहती है कि प्रभु की कृपा से ही व्यक्ति उनके नाम का जप और स्मरण कर सकता है। और कि नवधा भक्ति में भगवान् का नामस्मरण ही भक्त का कल्याण करने वाला साधन हो सकता है। अन्य सन्तों ने भी कलियुग में केवल नामस्मरण एवं जप को ही पर्याप्त माना है। हाँ, वह शुद्ध मन और गहरे निष्ठाभाव से लिया जाना चाहिए। निर्मला बाई कहती हैं :

शुद्ध भक्तीभाव नामाचे चिन्तन।
हेचि मुख्य कारण परमार्थां।।

इस भक्तिभाव में सांसारिक स्वार्थ का कल्मश नहीं परमार्थ की, समर्पण की शुद्धता होनी चाहिए। अन्यथा कोई लाभ सम्भव नहीं है।

अपनी भाभी सोयराबाई की प्रसूति के सन्दर्भ में भाई-बहन का संवाद भी अपने अभंग में निर्मलाबाई ले आयी है। इसका उल्लेख सोयराबाई पर अपने लेख में हम कर आये हैं। यहाँ इतना ही कि निर्मलाबाई अपने भाई से कहती हैं कि आप भाभी को इस (प्रसूति निकट के समय) दशा में अकेला क्यों छोड़ आये हैं। तब चोखोबा कहते हैं कि तुम इसकी चिन्ता नहीं करो, विट्ठल की कृपा से सब ठीक-ठाक हो जायेगा। किन्तु निर्मलाबाई पुनः सामाजिक-सांसारिक जीवन-व्यवहार

की सोच के अधीन कहती है कि हमें अपने सारे कामों का बोझ पांडुरंग पर नहीं छोड़ना चाहिए। इससे निर्मलाबाई की व्यावहारिक जीवन के प्रति सजगता का पता चलता है। एक अन्य अभंग में वह अपने भाई चोखोबा के देहान्त के बाद प्रभु को सम्बोधित करते हुए कहती है कि प्रभु आप ने मेरे भ्राता और गुरु चोखोबा को, उसके सारे अपराध क्षमा कर अपने ऊपर लेकर अपने लोक में बुला लिया। मेरे भाई को तो आप ने अपने में समा लिया, किन्तु मुझे क्यों भुला दिया। भाई तथा गुरु के न रहने पर अब मेरी क्या दशा होगी। इस अभंग में निर्मलाबाई ने अपने मन के बड़े मार्मिक भाव व्यक्त किये हैं।

अन्यत्र एक अभंग में निर्मलाबाई अपने अकेलेपन, उदासी, निराशा की भावनाओं को प्रभु पर व्यक्त करती हुई कहती है कि मैं रात-दिन बड़ी व्याकुल रहती हूँ। बहुत अस्थिर अनुभव करती हूँ। मुझे लगता है कि अब मेरे अस्तित्व का कोई अर्थ नहीं रह गया। इस सांसारिक जीवन से मैं तंग आ चुकी हूँ। मुझे इस स्थिति से आप मुक्ति दिलाएँ। इस अभंग में चोखोबा का उल्लेख भी किया है निर्मलाबाई ने। इस कारण अपने भाई और गुरु को भी एक तरह से वह सम्बोधित करती प्रतीत होती हैं। अपने गहन, मार्मिक कथनों, गूढ़ भक्ति भावों और वारकरी पंथ की सेवाओं के कारण निर्मलाबाई का नाम भी सन्तों की पंक्ति में महत्त्वपूर्ण हो जाता है।

सन्त लल्लेश्वरी

कश्मीर की सुविख्यात सन्त लल्लेश्वरी (लल, ललद्यद, जन्म नाम पद्मावती) का नाम बड़े पूज्य भाव से हर कश्मीरी की जुबान पर अंकित है। उसका जन्म विवादों के बावजूद अधिकांश लोगों द्वारा मान्य है कि सन् 1335 ई. पांपोर (पामापुर) के निकट सिमपुरा गाँव में एक ब्राह्मण कुल में इसने जन्म लिया। 12 वर्ष की आयु में उसका विवाह सोन पण्डित से कर दिया गया। किन्तु लल्लेश्वरी का मन बचपन से ही सांसारिकता में न होकर ईश्वर की ओर लगा था। विवाह के उपरान्त ससुराल का जीवन अत्यन्त कष्टों-क्लेशों से भरा रहा। सौतेली सास ने बड़े जुल्म ढाये। एक बार सिद्धमोल के साथ लल्लेश्वरी के घर पर एक विषय पर चर्चा हुई। जिसमें सोन पण्डित भी सम्मिलित हुए कि सभी प्रकाशों में सर्वश्रेष्ठ प्रकाश कौन-सा है? इसी भाँति सभी तीर्थों तथा सभी परिजनों एवं सभी वस्तुओं में सर्वश्रेष्ठ किन्हें माना जाय। सर्वप्रथम सोन पण्डित ने सूर्य प्रकाश को तथा गुरु सिद्धमोल ने नेत्र-प्रकाश को सर्वश्रेष्ठ बताया, किन्तु लल्लेश्वरी ने आत्म प्रकाश को सर्वश्रेष्ठ बताया, जिज्ञासा को सर्वश्रेष्ठ तीर्थ, ईश्वर को सर्वश्रेष्ठ परिजन तथा ईश-भय को सबसे सुखद वस्तु बताया। इसे सुनकर पति एवं गुरु दोनों हतप्रभ रह गये। शेष प्रश्नों के उत्तर भी दोनों से अति श्रेष्ठ व अलग थे। इससे लल्लेश्वरी के चिन्तन-दर्शन की ऊँचाइयों का पता चलता है।

एक बार की घटना है कि सास द्वारा भड़काये गये सोन पण्डित लाठी लेकर पानी भरने के घाट पर ही जा पहुँचा कि लल्लेश्वरी जल भरने जाती है तो अनावश्यक बातों में समय अधिक लगाती है। सोन पण्डित उधर गया, देखा तो लल्लेश्वरी पानी का भरा घड़ा सिर पर रखे सामने से आ रही थी। गुस्से में भरे सोन पण्डित ने घड़े पर जोर से लाठी मारी। घड़ा तो फूट गया। मिट्टी का था। किन्तु कहते हैं, पानी ज्यों का त्यों लल्लेश्वरी के सिर पर टिका रहा। घर आकर उसने इस पानी से बर्तन आदि धोये और शेष बचा जल खिड़की से बाहर फेंक दिया। थोड़े ही दिनों बाद उस स्थान पर एक तालाब बन गया। वह तालाब बाद

में 'ललत्राग' (लल का तालाब) नाम से जाना जाने लगा। सास द्वारा अन्य यातनाओं के अतरिक्त भोजन भी भरपेट न दिये जाने, थाली में भात डालने से पहले एक पत्थर रखकर ऊपर भात डालकर बढ़ाकर दिखाने जैसे कार्य से तंग आकर लल्लेश्वरी बन-बन घूमने लगी। वह अन्तर्मुखी और अध्यात्मिक वृत्ति की तो पहले से ही थी, अब बाहर से यातनाएँ पाकर अन्तर्ज्ञान के रहस्यों में ऐसी डूबी कि देह ढँकने की सुध-बुध भी गँवा बैठी। वह भावोन्मत्त हो नाचती-गाती। उसकी इस दशा को देखकर लोग उसे पगली कहने लगे। कुछ स्त्रियाँ जब कहतीं तुम नग्न होकर घूमती हो, तुम्हें पुरुषों से लाज नहीं आती। इस पर वह कहती 'यहाँ कौन पुरुष है? मुझे तो कोई पुरुष यहाँ दिखाई नहीं देता। आशय यह भी है कि यहाँ, इस समाज में पुरुषों जैसा लज्जावान और समझदार ईशभक्त मुझे कोई दिखाई नहीं देता। और फिर एक दिन लल्लेश्वरी को एक सूफी फकीर मीर सैयद हमदानी सामने से आते हुए दिखाई दिये। वह चिल्लाती हुई दौड़ी कि पुरुष आ रहा है। पहले उसने पास ही एक बनिये से कपड़ा माँगा। बनिये द्वारा मना करने पर वह निकट ही नानबाई के जलते हुए तंदूर में कूद पड़ी। निकट आकर सन्त ने लोगों से बात सुनी और लल्लेश्वरी को पुकारा 'लल्ला बाहर आ जाओ।' तो कहते हैं उसी क्षण लल्लेश्वरी बाहर आ गयी। उसने दिव्य वस्त्र धारण किये हुए थे।

लल्लेश्वरी निःसन्तान थी। यह पीड़ी भी उसे सताती रही, जिसे उसने अपने एक वाख (वाक्, वाक्य) में लिखा है—'न मैंने गर्भ धारण किया, न प्रसूता बनी और न प्रसूता का विशिष्ट आहार ही खाया।' लल्लेश्वरी शिव भक्त थीं और निर्गुण रूप शिव की आराधना करती थीं। यह निर्गुण उपासना, निर्गुण निराकार सन्त कवियों की दार्शनिक भक्ति के जैसी है। अतः लल्लेश्वरी के वाख वेदान्त और सूफी चिन्तन की छाप लिए हुए हैं।

लल्लेश्वरी भक्ति के ऊँचे सोपान पर पहुँच चुकी थी जिसे सिद्धावस्था कहा जाता है। सब प्रकार के भेद-भाव, सांसारिकता, मान-अपमान, राग-विराग से परे वह आनन्द-स्फुरणों में स्थित हो बिल्कुल निरपेक्ष को जीती थी। इस अनुभूति को उसने अपने एक वाख में इस प्रकार प्रकट किया है—'इस असार संसार में व्याप्त विविध विभिन्नताओं विसंगतियों को देखती हुई, मेरा मन व्यथित हो उठा है।' एक अन्य वाख में वह कहती है—'चाहे कोई मेरी कितनी ही उपेक्षा करे, अपमानित करे, मैं कभी उसका बुरा न मानूँगी। जब मेरे इष्ट मेरे शिव का मुझ पर स्नेह है तो लोगों के भला-बुरा कहने से क्या होता है।'

एक मत है कि सन्त लल्लेश्वरी ने श्रीनगर से 28 मील दूर राजमार्ग पर स्थित

बिज बिहाड़ा (वेजिब्रोर) गाँव में जुम्मा-मस्जिद की दीवार के पीछे अपने प्राण त्याग दिये। उसके शरीर से एक दिव्य ज्योति प्रकट हुई और आकाश में विलीन हो गयी। लगभग साठ वर्ष इस धरा धाम पर व्यतीत करने वह ईश-इच्छा से आयी और कार्य-सम्पन्न कर वापिस लौट गयी। बाद में हुए शेख नूरुद्दीन वली ने कवयित्री के सम्बन्ध में अपने भावों को व्यक्त करते हुए कहा है कि उस पदमानपोर की लला ने दिव्यामृत छक कर पिया, वह हमारी अवतार थी–प्रभु! वही वरदान मुझे भी देना।

सन्त कान्होपात्रा

नारी सन्तों में कान्होपात्रा का प्रमुख स्थान है। कान्होपात्रा ने अपना जीवन कृष्ण भक्ति में लगा दिया। परपुरुष की बजाय उसने अपना सर्वस्व परमेश्वर को अर्पण कर दिया था। कान्होपात्रा एक वेश्या की बेटी थी। उसके सुन्दर यौवन पर न्यौछावर होने के लिए अनगिनत लोग तैयार थे। माँ समाज के जिस घृणित वासनाओं का शिकार थी, उसे कान्हा भली-भाँति समझ रही थी। इस संसार में अपनी आत्मा को मारकर शरीर बेचने वाली स्त्री की क्या स्थिति होती है, उसे वह देख रही थी। लोगों के मुख में रामनाम है किन्तु उनकी दृष्टि में वासना कूट-कूट कर भरी हुई है। दया, क्षमा आदि बातें कहने मात्र हैं, सच तो ठीक इसके विपरीत है। इस भोग-लोलुप समाज के भय से कान्हा ने स्वयं को कृष्ण भक्ति में झोक दिया।

कान्हा अपनी माँ से प्रतिदिन मन्दिर में जाने के लिए कहती थी। माँ, कान्हा की बातें सुनकर मना कर देती। उसे कहती कि हम नीच जाति के हैं, समाज में हमारा स्थान सभी से नीचा है। ऐसा क्यों कहती हो, माँ? रात को तुम सजधज कर मन्दिर में नाचने, गाने के लिए जाती हो, उस समय भी तुम मुझे कहाँ ले जाती हो। कान्हा के जवाब सुनकर माँ कहती—अभी तुम छोटी हो कान्हा। जब बड़ी होगी तो खुद ही समझ जाओगी। कान्हा धीरे-धीरे बड़ी हो रही थी। पर अभी छोटी ही थी, लेकिन लोगों की वासना नजरें उस पर टिकी हुई थीं। वे कल्पना करते कि अभी से ये इतनी सुन्दर है तो आगे जाकर यह कैसी हो जायेगी? धीरे-धीरे कान्होपात्रा अपनी माँ से नृत्य और संगीत की शिक्षा लेने लगी। जब वह भक्ति के गीत गाती थी, उस समय उसके मुख से अमृत वर्षा होती। वह ज्ञानेश्वर, नामदेव आदि के अभंग गाती, मन ही मन स्वयं को कृष्ण के रूप में देखती। बचपन से ही कृष्ण जी की साँवली-सलोनी मूरत कान्होपात्रा के हृदय में बस गयी थी। कान्होपात्रा कब यौवन की दहलीज पर आयी, कान्हा को पता भी न चला। कान्होपात्रा अब भली-भाँति अपनी माँ की स्थिति समझ गयी थी। वह अपनी माँ के प्रति सहृदय हो

गयी थी। कान्हा को लगता कि शरीर की पवित्रता के सिवाय इस संसार में मूल्यवान वस्तु कुछ भी नहीं है।

चौदहवीं शताब्दी में महाराष्ट्र की सामाजिक स्थिति ठीक नहीं थी। राजनीतिक स्थिति और भी खराब थी। विदेशियों द्वारा किये जा रहे आक्रमण चरम सीमा को छू रहे थे। विदेशी आक्रमण महाराष्ट्र की धन-दौलत के साथ-साथ वहाँ की बहू-बेटियों पर भी अपना अधिकार समझते थे। इसका डटकर सामना करने का साहस किसी में भी नहीं था। इससे निराश होकर कान्होपात्रा ने अपनी सारी चिन्ता भगवान कृष्ण को सौंप दी। वह मन्दिर में तो नहीं जा सकती थी, इसलिए वह मन्दिर के बाहर बैठकर ही पुराण सुनती थी। कान्होपात्रा अपने वास्तविक जीवन से परिचित थी और उसी में जी रही थी। वह सोचती मुझ जैसी पतिता के जीवन में कोई राजकुमार तो नहीं आने वाला। अपनाने वाले तो बहुत हैं, लेकिन शरीर की सीमा तक। यह सब सोचते-सोचते उसका मन खराब हो गया। उसका मन धीरे-धीरे कृष्ण की लीलाओं में रम गया। उसने मन-ही-मन निश्चय कर लिया कि जीवन भर वह किसी भी पुरुष की प्रतीक्षा नहीं करेगी। उसने भगवान् श्रीकृष्ण को ही अपना सर्वस्व अर्पण कर दिया। इससे कान्होपात्रा स्वार्थी दुनिया की विषयासक्ति तथा ढोंग से काफी दूर चली गयी थी। माँ ने घर में कृष्ण जी की मूर्ति लाकर रख दी थी। उसी के सामने बैठकर वह नामदेव की विरहिणी गाने लगती—

कृष्ण अनुसंगे रंगिली कामिनी।
कामधामे गेली गुणा विरोनी।।

कान्हा पूर्ण रूप से कृष्ण रंग में रंग गयी थी। वह भगवान् की दासी बन गयी थी। एक दिन पंढरपुर जाने वाली वारकरी सन्त मंगलवेठे गाँव से गुजरने वाले थे। तोरण और बन्दनवार से गाँव को सजाया गया था। वारकरी भक्तों को अबीर और गुलाल लगाया गया। कान्होपात्रा बड़े ही मनोयोग से इस दृश्य को देख रही थी। कान्होपात्रा मन-ही-मन ज्ञानदेव और नामदेव के प्रति आभार प्रकट कर रही थी, जिन्होंने जाति-पाँति का बन्धन तोड़कर एक भक्ति पंथ बनाया। उस रात वारकरी पंथ मंगलवेठे में ही डेरा डालने वाले थे। रात को भजन मण्डली एकत्र होने वाली थी। गाँव के लोग भजन के लिए एकत्र होने लगे थे। कान्हा दरवाजे के बाहर खड़ी हो गयी ताकि वहाँ से भजन सुन सके। कुछ वारकरी मन्दिर में प्रवेश कर रहे थे। एकाएक न जाने क्या हुआ, कान्होपात्रा ने एक भक्त के पैर पकड़ लिये। उसके पैरों पर माथा टेक दिया। उन्होंने कान्होपात्रा को उठाते हुए कहा—आप इतनी दुखी क्यों हैं। तुम तो अभी युवा हो। शायद तुम्हारा विवाह भी नहीं हुआ है। अभी

तो तुम्हें जीवन के अनेक अनुभव लेने हैं और तुम अभी से दुःखी हो? कान्होपात्रा बोली—हम लोगों की शादी कहाँ होती है बाबा?

क्यों? तुम तो अच्छे घर की लड़की मालूम होती हो? मैं एक वेश्या की बेटी हूँ, मेरा नाम कान्होपात्रा है। इस संसार से मैं ऊब गयी हूँ, घर-गृहस्थी नहीं कर सकती। तन बेचना ही हमारे भाग्य में लिखा है। बाबा, मुझे भगवान् कृष्ण से प्रेम हो गया है, मैं उनकी भक्त हूँ। नामदेव महाराज के अभंग गा कर मन को सान्त्वना देती हूँ। क्या कृष्ण जी मेरी भक्ति स्वीकार कर लेंगे?

क्यों नहीं करेंगे। भगवान् तो भाव के भूखे हैं, बेटी। उनकी दृष्टि में सभी समान हैं। यदि तुम्हारी भक्ति अपार होगी तो वे तुम्हारा भी उद्धार करेंगे।

कान्होपात्रा मन-ही-मन खुश हो रही थी। आज तक उसके मन में जीवन के प्रति ऐसी आशा नहीं जगायी थी। उसने बाबा के चरण छुए और पूछा—बाबा, क्या मैं आप लोगों के साथ पंढरी की यात्रा पर चल सकती हूँ?

अवश्य चलो बेटी, वहाँ जाने के लिए केवल भक्त ही होना आवश्यक होता है। हम सभी उसी परमेश्वर का अंश हैं!

कान्होपात्रा ने अपनी माँ से कहा—मैं वारकरी भक्तों के साथ पंढरपुर जा रही हूँ। माँ के मना करने पर भी कान्हा ने माँ को मना लिया। माँ ने कहा—कान्हा तुम इतनी सुन्दर हो कि मुझे डर लगता है, कहीं कोई तुम्हें अपनी वासना का शिकार न बना दे। कान्हा ने कहा माँ, अब तुम कुछ भी न सोचो। मैंने सभी वारकरियों को अपना भाई मान लिया है। मेरी तरफ कोई भी खराब दृष्टि से नहीं देखेगा। माँ और भगवान् की मूर्ति को प्रणाम करके कान्होपात्रा, वारकरी भक्तों के मेले में शामिल हो गयी। लोगों ने कान्हा के भजन सुने। पहली बार लोग उसकी प्रशंसा कर रहे थे। उसके साथ हँस-बोल रहे थे। वारकरी भी एक विचित्र उत्साह में थे। भजन, कीर्तन से वातावरण सराबोर हो गया था। वारकरी परिवार में वह ऐसे घुलमिल गयीं थी, मानो वह उन्हीं में से एक हो। इस सुख का अनुभव वह इस प्रकार करती है—

हर ली भूक तहान निमाली।
संतांची देखिलो चरणांबुजे।।

पंढरपुर से भक्ति का सुख लेकर कान्होपात्रा पुनः अपने गाँव लौट आयी। अपने घर में रहते हुए भी उसका मन पंढरपुर की गलियों में भटक रहा था।

एक कीर्तनकार ज्ञानदेव-नामदेव आदि के अभंगों से उदाहरण देकर समझा रहे थे कि जो भक्त अपना अहंकार अर्पण कर देता है और संसार को समान दृष्टि से देखता है वही सच्चा भक्त है। जो व्यक्ति पाप-योनि में जन्म लेकर मेरे प्रति

समर्पित हैं ऐसे लोगों का उद्धार मैं भक्ति के कारण करता हूँ। अपनी भक्ति के प्रताप से वे इतने महान हो जाते हैं कि मेरे साथ उनकी तुलना करने पर भी वे श्रेष्ठ साबित होंगे। उन्होंने प्रह्लाद अजामिल आदि की कथा सुनाई। ईश्वर के एक बार नाम लेने से अजामिल की प्राण रक्षा और उद्धार हो गया। कान्होपात्रा ने माना कि न तो मैं ज्ञानी हूँ और न मेरे पास योग की शक्ति है, अगर कुछ है तो वह है भक्ति जिसे मैं अपने पिठोबा को समर्पित करती हूँ। कान्हा विठोबा को माउली कहकर पुकारती है। कृष्ण जी को कान्हा माँ, कहकर पुकारती है। ईश्वर से कान्होपात्रा का भले ही साक्षात्कार न हुआ हो, लेकिन कान्हा ने कृष्ण जी की छवि को अपने भीतर बसा रखा है। कान्हा के मन में जितनी भी हीन भावनाएँ थीं, वे सभी नष्ट हो चुकी थीं। पंढरी के वारकरी कभी भी मुक्ति की कामना नहीं करते, क्योंकि मुक्ति के बाद पुनः ईश्वर के दर्शन का मौका नहीं मिल पाता। कान्होपात्रा इस तथ्य से परिचित थी, इसलिए कान्होपात्रा अपने को भाग्यशाली मानती थी। और ईश्वर से बार-बार जन्म देने की प्रार्थना करती है। कान्होपात्रा कहती है कि संसार माया है, केवल निर्गुण निराकार परब्रह्म ही सत्य है। अपने एक अभंग में वह स्वयं को दीन पतित कहती है। स्वयं को जाति हीन कहती है—

दीन पतित अन्यायी।
शरण आल्ये पिठाबाई।।
मी तो आहे यातीहीन।
न कले कांही आचरण।।

कान्होपात्रा की माँ की उम्र ढलने लगी थी। उसे भविष्य की चिन्ता सताने लगी। भला ढलती उम्र में उसे कौन पूछता? लोगों की आँखें अब कान्होपात्रा पर लगी हुई थीं। एक दिन माँ ने पूछ ही लिया—कब तक हरि का नाम लेकर भटकती रहोगी? कान्हा ने कहा मेरे हरि भजन से तुम्हें क्या परेशानी है माँ? कान्हा की माँ चाहती थी कि अब मेरे बाद कान्हा वेश्या का काम करे—बेटी हरि नाम से पेट तो नहीं भरता। अब मैं बूढ़ी हो गयी हूँ। सूखे पत्ते को कौन पूछता है? माँ, क्या मैं भी तुम्हारी तरह तन बेचकर रोटी कमाऊँ। मैं प्राण दे दूँगी, लेकिन किसी की वासना का शिकार नहीं बनूँगी! कान्होपात्रा के दृढ़ निश्चय के आगे कान्होपात्रा की माँ अधिक जिद नहीं कर पायी।

कान्होपात्रा के सौन्दर्य की पाती केवल मंगलवेठे तक ही सीमित नहीं रही बल्कि मुगल शासक के दरबार तक पहुँच गयी। चाटुकार दरबारी राजा को बढ़ा-चढ़ा कर प्रलोभन दे रहे थे—आपकी तकदीर बुलन्द है, सरकार इत्यादि। राजा ने उसे लाने के लिए मंगलवेठे में अपने जासूस भेजे। जासूस पता पूछते-पूछते

श्यामा वेश्या के घर पहुँचे। पैगाम सुनकर कान्होपात्रा का हृदय छलनी हो गया। उसने पांडुरंग से प्रार्थना की, मुझे अपने पास बुला लो। तुम्हारे सिवाय मेरा इस संसार में कोई नहीं है। कान्होपात्रा रोती रही और उसकी माँ आँसू पोछती रही। विलम्ब होते देख राजा के जासूस ने कहा, यदि तुम सीधे तरीके से न चलोगी तो राजा ने तुम्हें जबर्दस्ती उठा लाने के लिए हुक्म दिया है। ठीक है, मैं राजा साहब की आज्ञा का उल्लंघन नहीं करूँगी। मैं पंढरपुर के पांडुरंग का अन्तिम दर्शन करना चाहती हूँ। उसे जी भरकर देख लूँ, फिर चलती हूँ, आपके साथ। अगर तुम वापस नहीं आयी तो। तो आप पंढरपुर आकर मुझे ले जाइए। कान्होपात्रा हाथ में वीणा लेकर पंढरी की राह पर चल पड़ी। कान्होपात्रा अखण्ड चल रही थी। वह पंढरपुर पहुँची। चन्द्रभागा नदी के तट पर उसने हाथ-मुँह धोया और मन्दिर की सीढ़ियाँ चढ़ने लगी। उसने नामदेव और चोखोबा कीं समाधि को प्रणाम किया। पांडुरंग के सामने खड़े होकर वह विनती कर रही थी—मुझ पर जो संकट आया है उसके लिए मैं तुम्हें दोष नहीं देती, लेकिन इस संकट से मुक्ति दिलाना तुम्हारे जिम्मे है। इसलिए मैं दौड़कर तुम्हारे पास आयी हूँ। मुझे अपने चरणों में जगह दे दो, नहीं तो तुम्हारा भक्तवत्सल यह नाम सार्थक नहीं होगा। वह व्याकुल होकर भगवान् को बुला रही थी। आते-जाते भक्तजन कान्हा की स्थिति को देखकर आश्चर्यचकित हो रहे थे। चौबीस घण्टों से भी आगे कान्हा लगातार खड़ी रही। उसके मुख से नाम स्मरण लगातार चलता रहा। कान्होपात्रा की भक्ति से प्रभावित होकर पुजारी ने कान्हा को अबीर लगाया। उसने देह विसर्जित करने का पूरा निश्चय कर लिया था। लेकिन पंढरी कुछ बोल नहीं रहे थे। वह कह रही थी—राजा के सैनिक आकर मुझे ले जायेंगे। एक बार शरीर की दुर्दशा हो गयी, उसके बाद प्राण देने से क्या लाभ। कान्होपात्रा ने हार नहीं मानी। उसकी भक्ति अटल थी। अपने एक अभंग में कहती है—मैंने तुम्हारे लिए अपने शरीर को पवित्र बनाया है। यदि इसकी अप्रतिष्ठा हुई तो इसके लिए जिम्मेदार तुम होओगे। अन्ततः कान्होपात्रा की प्रार्थना रंग लायी। पांडुरंग ने उसकी सुन ली। उसके शरीर में कम्पन शुरू हो गयी और वह धरती पर गिर पड़ी। उसकी आवाज़ बन्द हो गयी, अंग शिथिल हो गये। लेकिन वीणा से स्वर निकल रहे थे—पांडुरंग, पांडुरंग...

उसके प्राणपखेरू कब के अन्ताकाश में उड़ गये थे। वेश्या कुल में जन्म लेकर कान्होपात्रा ने भक्ति मार्ग के सिद्धान्तों का पालन किया और अपने शरीर को लोगों की वासना का शिकार नहीं बनने दिया। अन्ततः कान्हा ने अपने प्राणों की आहुति दे दी। इस प्रकार का यह एकमात्र उदाहरण है। नाम स्मरण को आधार बनाकर कान्होपात्रा भक्ति सम्प्रदाय का शिखर बन गयी।

सन्त मीरांबाई

भारतीय सन्त-परम्परा में मीरां का नाम बड़े आदर-भाव से लिया जाता है। महिला सन्त होने के कारण जहाँ सन्तों-भक्तों में वह अत्यधिक आदर और मान प्राप्त कर पायी, वहीं उसके समकालीन समाज में उसके व्यक्तित्व और चरित्र को लेकर उतना प्रभाव नहीं देखा जाता। इसका एक कारण तो उसका राजघराने से सम्बन्धित होना और राजघराने द्वारा उसके विरक्त-रूप का विरोध था तो दूसरा कारण तत्कालीन सामन्ती समाज-व्यवस्था एवं मूल्यों के कारण एक नारी का उन्मुक्त रूप से सन्तों की संगति में उठना-बैठना-घूमना पसन्द न किया जाना था।

मीरां का जन्म संवत् 1555 (सन् 1498 ई.) में हुआ माना जाता है। कुड़की नामक ग्राम में जन्मी मीरां की माता का देहान्त तब हो गया, जब वह केवल दो वर्ष की बालिका थी। मीरां के दादा राव दूदा मेड़ता के नरेश थे। उनके छोटे बेटे रतनसिंह की पुत्री थी मीरां। रतनसिंह बारह छोटे शहरों और ग्रामों के सरदार थे। मीरां की माता के देहान्त के उपरान्त मीरां के दादा राव दूदा उसे मेड़ता में अपने पास ले आये और उसका पालन-पोषण इन्हीं की देख-रेख में होने लगा। उसके दादा राव दूदा बड़े धार्मिक स्वभाव के व्यक्ति थे। वह भगवान् चतुर्भुज के उपासक थे। उन्होंने चतुर्भुज भगवान् का भव्य मन्दिर भी बनवाया था। अतः स्वाभाविक ही परविार का झुकाव धर्म-भावनाओं की ओर था। फिर उनके घर साधु-सन्तों का आना भी लगा रहता। कहते हैं, एक बार एक साधु उनके घर आया। उनके पास गोपाल कृष्ण की एक अति सुन्दर, आकर्षक मूर्ति देख मीरां उसे लेने के लिए मचल उठी। साधु सहज ही उस मूर्ति को देना नहीं चाहता था। इधर मीरां की हठ कि वह खाना-पीना ही छोड़ बैठी। साधु वहाँ से चला तो गया किन्तु मीरां की बाल-हठ देख पुनः लौटकर आना पड़ा। उसने वह मूर्ति मीरां को दे दी। यही कृष्ण-प्रेम का बीज बाद में पल्लवित-पुष्पित हुआ और मीरां, मीरां कहलाई। बालपन की ही एक अन्य घटना के अनुसार, एक बारात देख मीरां भी पूछ बैठी—मेरा वर कौन है? माँ ने कृष्ण-मूर्ति की ओर संकेत कर दिया। तब से मीरां

कृष्ण-प्रेम की दीवानी हो गयी। मीरां को सपने में भी कृष्ण के दर्शन होने लगे, जिसका उल्लेख मीरां के पदों में भी मिलता है।

यों तो समूचा सृजन कृत्य अपने आप में विद्रोह-आयाम होता है और सभी सन्त अपने स्वभाव एवं प्रकृति से विद्रोही ही होते हैं, तो भी मीरां जैसी नारी सन्त अपने तत्कालीन समाज, जीवन, परिवेश, मूल्यों-परम्पराओं की जिस जकड़बन्दी के प्रति अपना अस्वीकार, विरोध और प्रतिकार दर्ज करती है, वह उसे, उसकी वाणी को खुले विद्रोह की सीमा में ले आते हैं। परिवेश में व्याप्त अप्राकृतिक, मानव-विरोधी, स्वतन्त्रता-विरोधी स्थितियाँ-दशाएँ जब दमघोंटू हो जाती हैं, संवेदनशील, स्वाभिमानी, स्वतन्त्रचेता, सर्जक व्यक्तित्व उनके प्रति विद्रोही हो उठता है। ऐसे सचेत मानवीय व्यक्तित्वों की वाणी और कर्म में प्रत्याख्यान के कीटाणु स्वयमेव सक्रिय होकर फूट पड़ते हैं। मानव-अस्तित्व-विरोधी स्थितियों-मूल्यों की रचयिता शक्तियों के विरुद्ध विद्रोह का उद्घोष करने वाली वाणी चेतना के धरातल पर मौलिक एवं मानवीय होती है। वह अस्वीकृति ही नहीं, प्रतिवाद करती हुई खुल्लमखुल्ला प्रभुता-विरोध तक करती है। इस प्रक्रिया में पक्ष-त्याग अनाज्ञाकारिता से लेकर अमानवीय अप्राकृत का खण्डन करने एवं प्रत्याक्रान्त तक करने की प्रवृत्तियाँ सिमट आती हैं। समाज-स्थापित सड़ चुकी मर्यादाएँ, रीतियाँ, खोखले आदर्श, जीवन-शोषी नियम-विधान, अन्याय, भ्रष्ट आचरण आदि से लेकर राजतन्त्र, शासन-व्यवस्था को नकारने के जोखिमों को स्वीकार किया जाता है। विद्रोह, क्रान्ति से पूर्व और विरोध-अस्वीकार के बाद की स्थिति है। जहाँ क्रान्ति किन्हीं निश्चित सिद्धान्तों पर आधारित, समाज में व्यापक उलट-फेर एवं जीवन-दर्शन को अपने में समाहित किये रहती है, वहाँ विद्रोह क्रान्ति-चेतना से आत्मीय सम्बन्ध रखता हुआ गहरे मानवीय मूल्यों, वैयक्तिक और सामाजिक समवेत भूमिका पर अपनी सक्रियता दर्ज करता है। वह क्षणिक क्रोध से भिन्न होता है। समझौतावादी, सुविधाप्रदायी प्रलोभनों से नितान्त पृथक् विद्रोही चेतना बड़ी गहरी मानवीय प्रवृत्तियों की पक्षधर होती है, जिससे समाज, परिवेश में व्यापक परिवर्तन सम्भव होते हैं।

उक्त लम्बी भूमिका इसलिए ताकि सन्त कवयित्री मीरां के विद्रोह और उसकी व्याप्ति को, तत्कालीन रूढ़, सामन्ती, मध्ययुगीन समाज के सन्दर्भों में समझा जा सके। मीरां का परिवेश राजघराने के मूल्यों-मर्यादाओं से बना-घिरा हुआ तो था ही, तत्कालीन राजनीति भी सामन्तवाद की पोषक थी। समाज को अपने प्रभाव में सामन्ती मूल्यों, रुचियों, नियमों, सुविधाओं, मान्यताओं के पालन को बाध्य होना पड़ता था। सामाजिक परिस्थिति के अन्तर्गत ही हिन्दुओं में जातिवाद, ऊँच-नीच की भावना भी गहरे में जमी थी। उच्च वर्ग विलासी, अन्यायी

तथा क्रूर एवं अत्याचारी था। स्वेच्छाचारिता उसके स्वभाव का अंग थी। इस्लाम धर्म के प्रभाव ने हिन्दू धर्म-व्यवहार में बड़े परिवर्तन और तनाव उपस्थित कर दिये थे। अनेक बुराइयाँ प्रतिक्रियास्वरूप पैदा हो गयी थीं। जैसे बाल-विवाह, पर्दा-प्रथा आदि। नाथपंथी रीतियों-कुरीतियों के अवशेष अपनी जड़ जमाए हुए थे। इन सबके परिणामस्वरूप हिन्दू समाज में संकीर्णता ने उग्र रूप धारण कर समाज को जकड़ रखा था।

ऐसी विरोधी घुटनभरी, संकीर्ण परिस्थितियों में मीरां ने अपने बालपन में ही जिस कृष्ण के साथ लौ लगा ली, उसने तो द्वापर युग में ही खुली सामाजिक स्थितियों में नारी-स्वातन्त्र्य की स्थापना कर दी थी। त्रेता युग–राम के मर्यादावादी मूल्यों के विरुद्ध द्वापर में–लीला विहारी और परिणीता रुक्मिणी के स्थान पर प्रेमिका-आराधिका राधा को स्थापित कर दिया था। मीरां तो राधा का ही अवतार मानी जाती है। अतः मीरां का अभावमय, संत्रासपूर्ण जीवन अपनी स्वाभाविक प्रतिक्रिया में विरक्ति की मनोदशाओं की ओर झुकता गया। अपने प्रियजनों की मृत्यु, वैधव्य और ससुराल द्वारा लगाई बन्दिशों, दी गयी यातनाओं के फलस्वरूप मीरां की चेतना को कृष्ण का पल्लू थामकर विद्रोह का मार्ग ही अनुकूल, सुलभ प्रतीत हुआ। वह महलों से उतरकर गलियों-चौराहों पर आ गयी। राजदरबार से, जिन्हें दूरी पर रखा जाता, मीरां स्वयं उन साधु-सन्तों के निकट आ गयी। उसने दूरी मिटा दी।

अतः मीरां ने निर्भीक होकर कहीं तत्कालीन सामाजिक नियम-विधानों का, तो कहीं राजघराने की स्थापित मर्यादाओं का, कहीं सामन्ती मूल्यों के पोषण पुरुष-सत्तात्मक समाज की परम्पराओं का खुला नकार करके अपनी आत्म-सत्ता की स्वतन्त्र अभिव्यक्ति अपनी वाणी में की है। मीरां आत्म-परमात्म के मार्ग पर बढ़ चली, जहाँ सांसारिक जीवन-मूल्यों से ऊपर अस्तित्व का स्वाधीन अधिष्ठान है। मीरां विवाह-पूर्व ही अपनी माँ से कहती है–

माई री! हूँ तो सपना में वरण्यो गोपाल।
मती करो म्हारी ब्याव-सगाई, क्यूँ बाँधो जंजाल।
झूठा मात पिता सुत बन्धू बध्यो अबध्या ख्याल।

और साथ ही यह भी कह दिया–'मेरे तो गिरधर गोपाल दूसरो न कोई।' अतः वह निर्द्वन्द्व होकर 'मान-अपमान दोउ घर पटके निकसी ग्यान-गरी।' ज्ञान को गली में निकल पड़ी इस मीरां को सभी रोकते हैं, बरजते हैं कि इस मार्ग पर न जाओ। परिवार की, कुल की मर्यादा का कुछ ध्यान रखो, किन्तु मीरां कहाँ मानने वाली थी। वह कहती है–

राजा बरजै, राणी बरजै, बरजै सब परिवारी,
कुँवर पाटवी सो भी बरजै और सहेल्याँ सारी।
साधन के ढिंग बैठि बैठि के लाज गमाई सारी,
नित-प्रति उठि नीच घर जाओ, कुल को लगाओ गारी।

सारा संसार, सांसारिक जीवन-सम्बन्ध झूठे हैं, मिथ्या हैं। ऐसी धारणा ही नहीं, विश्वास मीरां ने अर्जित कर लिया है। तो सत्य क्या है? ब्रह्म ही सत्य है। ब्रह्म के प्रेम की प्रतीति सत्य है। इधर परिवार और समाज का विरोध और उधर मीरां का ब्रह्म-कृष्ण-प्रेम बढ़ता गया। मीरां के देवर राणा का विरोध तो शत्रुता की हदों को पार करके घातक हो गया। राणा मीरां के प्राण लेने पर उतारू हो गया। विष का प्याला भेजा तो मीरां उसे पीने के बाद भी बच गयी। पिटारी में साँप भेजा तो भी मीरां को कुछ नहीं हुआ। भोलेपन से वह पूछती है कि 'राणाजी थे क्याँने राखो म्हाँसूँ बैर।' अन्ततः मीरां स्वयं कह देती है–

नातो सगो परिवार सारो मने लागे मानो काल।

अर्थात् सगे नाते और सारा परिवार ही मुझे कालरूप मृत्यु ही दिखाई देता है। इससे मीरां की विद्रोही वाणी को और धार मिलती है। मीरां सीमित परिवार और विद्वेषी समाज से तो कटती गयी, किन्तु व्यापक मानव समाज और अध्यात्म-परिवार से जुड़ती चली गयी। ब्रह्म-गिरधर, व्यापक-सम्पूर्ण सृष्टि में व्याप्त होने से मीरां के लिए बड़ा सम्बल है। उसने स्वयं को कभी अकेला अनुभव नहीं किया। बल्कि और भी मुखर होकर कहती है, 'बरजी मैं काहू की न रहूँ।' 'कोई निन्दो कोई बिन्दो म्हें तो गुण गोबिन्द का गास्याँ। कोई कितना ही बरजे और निन्दा करे, अब मैं किसी के कहने में न रहूँगी और न निन्दा से डरूँगी। मैं तो खुलेआम गोबिन्द का गुण गाऊँगी। क्योंकि मैं तो 'साँवरे के रंग राची' हूँ। ऐसी रँगी हूँ कि मेरा इस संसार में अन्य कोई नहीं रहा, सिवाय गिरधर गोपाल के।

राजणा जी (देवर) के अतिरिक्त मीरां की नदद ऊदाजी, जिसे मीरां को समझाने-बुझाने और सही मार्ग पर लाने का काम सौंपा गया था, के साथ लम्बा संघर्ष और संवाद चलता है, किन्तु मीरां उसे अपने निर्भीक उत्तरों और तर्कों से पछाड़ देती है। ऊदाजी मीरा को भाँति-भाँति से राणा के राजसी भय से डराती है, सामाजिक निन्दा से भयभीत करना चाहती है, परिवार-बाहर, समाज-बाहर कीचेतावनियाँ भी व्यर्थ हो जाती हैं। वह कहती है कि–'बाई ऊदा' समाज निन्दा करता है तो करे, 'झख मारे', मेरा मन तो 'रमता राम' से जुड़ गया है तथा–

न जाऊँ पीहर सासरे जी, जाय बसूँगी काशी।
इन राणाजी को मुख नहीं देखूँ सीसोद्या पसताशी।।

न तो पिता के घर जाऊँगी और न ससुराल जाऊँगी। इन सबको त्यागकर काशी में जा बसूँगी। तुम्हारे इन राणा जी का मुख भी न देखूँगी, तब सिसोदिया वंश के लोग पछताएँगे कि उन्होंने कितना गलत काम, अन्यायपूर्ण कृत्य किया है।

मीरां ने सबसे बड़ा विद्रोही कृत्य यह किया कि उसने स्वयं की वेशभूषा का स्तर भी, राजपरिवार की पहचान भी बदल डाली और साधु-वेष धारण करके अपने को सामान्य जन से, साधारण जीवन से जोड़ लिया। अर्थात् एक तरह से वर्ग-विहीन कर लिया। इतना ही नहीं, उन सभी वर्जनाओं का उल्लंघन किया, जो उच्च वर्ग एवं तथाकथित सभ्य समाज अपनी विशिष्ट पहचान के लिए अनिवार्य स्वीकार करता है। युवती एवं रूपवती होकर वह साधु-सन्तों के साथ खुलेआम घुलती-मिलती, उठती-बैठती। अजनबी, निम्न माने जाने वाले पुरुषों के साथ उसके इस बेबाकी से सम्पर्क करने को भारतीय समाज स्वीकार नहीं करता था। नारी-स्वतन्त्रता उसे किसी भी तर्क पर स्वीकार न थी। मध्ययुगीन समाज की अपनी मान्यताएँ एवं सोच की सीमाओं को मीरां का स्वच्छन्द सन्त आचरण कैसे सह्य होता। विद्रोही व्यक्तित्व के लिए सबसे अधिक जरूरी होता है अपने विचारों पर दृढ़ एवं अडिग रहना। तभी वह अपने उद्देश्य में सफलता प्राप्त कर सकता है। हम देखते हैं कि मीरां इस कसौटी पर भी खरी उतरती है। वह अपने सोच, व्यवहार, दिशा पर अडिग रही। सभी प्रकार की चुनौतियों को स्वीकार किया। मूल्य चुकाया। विपत्तियों को झेला। अपने उद्देश्य—अध्यात्म मार्ग को नहीं छोड़ा, चित्तौड़ छोड़ दिया। गिरधर गोपाल को नहीं छोड़ा, मायका और ससुराल छोड़ दिया। उसने, वस्तुतः अकेले ही मध्ययुग में नारी-स्वातन्त्र्य की लड़ाई लड़ी और जीती। उसने व्यर्थ के बन्धनों को तोड़ा और स्वयं को उच्च, शासी, राजकुल की जड़ता से तोड़कर सामान्य जन की प्रवाही जीवनधारा और अध्यात्म की जीवनदायी धारा से संयुक्त किया। इससे मीरांबाई तुलसी, सूर की भाँति बिना किसी पूर्वापर सम्प्रदायगत सुविधाओं के ही समाज में, लोक में आज तक अपने लिए एक अपूर्व ख्याति एवं सम्मान का स्थान सुरक्षित रखे हुए है।

मीराँ की कविता सामाजिक विद्रोह या जीवन की सार्थकता की ही नहीं, अपितु आत्मिक मुक्ति की करुण पुकार पहले है, जो हर प्रकार के बन्धनों को, सामाजिक भी, तोड़ डालना चाहती है। अतः उसकी पुकार एवं अनुभूति अपनी प्रामाणिकता के साथ सहज सम्प्रेषित भी होती है। शेष काव्यगत सौन्दर्याभरण स्वयं गुँथते चले गये हैं। अतः मीरां की भाषा भी, अपनी पीड़ा एवं अनुभूति के पीछे चलती प्रिय को आत्म-सम्बोधित टीस की भाँति, माँ-बोली मेड़ती है। काव्यास्वाद, सौन्दर्यतत्त्व एवं आनन्द का यही स्वाभाविक मूल कारण है। छन्द,

अलंकार, रूपक आदि मेड़ता की धरती, जीवन-परिवेश में घुले-मिले कथन-प्रकारों और परम्परित आख्यानकों के तत्त्वों से युक्त हैं। उनके लिए पृथक् से कोई आयास-प्रयास की न तो मीरां जैसी आवेगी भावनाओं की कवयित्री को कोई सुध-बुध थी, न आवश्यकता, न अवसर था, न हेतु। सब कुछ प्रिय ही था और उससे मिलन की तड़प थी। राजपाट, राजपरिवार, मान-मर्यादा, समाज, मूल्य, लोकलाज आदि कोई अस्तित्व नहीं रखते थे।

हाँ, हम अपने वर्तमान में खड़े होकर आज देखें, तो कह सकते हैं कि मीरां विद्रोहिनी नारी थी। उसने अपने देशकाल में बड़ी क्रान्तिकारी भूमिका निभाई। क्योंकि, वस्तुतः जो कुछ मीरां ने तब किया था या उससे हुआ या बन पड़ा, कारण कुछ भी रहे हों, वह एक विद्रोही, क्रान्तिकारी भूमिका तो थी ही। इस दिशा में, इस भूमिका में राजस्थानी परिवेश में अपने पैरों के निशान छोड़ने वाली वह राजघराने से खुली गली में उतरी पहली स्त्री सन्त सिद्ध होती है। इतिहास के ललाट पर अपनी उपस्थिति की ऐसी अमिट इबारत लिख जाना मात्र विद्रोही या विमर्शी आज्ञाओं के वश की बात नहीं। उसके लिए कृष्ण-सा प्रिय भी चाहिए और मीरां जैसी विरहिन सन्त भी!

क्रान्ति मात्र भौतिक ही नहीं होती, आध्यात्मिक भी होती है। भौतिक क्रान्ति, कारणों के मिट जाने पर या बीच में ही चुक जाने पर विफल हो जाती है, जबकि आत्मिक-आध्यात्मिक क्रान्ति विफल नहीं होती, बल्कि स्थायी रूप में सतत विकसित होकर संक्रान्ति में परिणत होती है। देह, मन, आत्मा के तिहरे अस्तित्व-स्तरों पर युगीन परिवर्तनों को—ऋतु, समाज, देश, काल की साक्षी में घटित होने पर संक्रान्ति कही जायेगी। मनुष्य अस्तित्व के तीनों आन्तरिक स्तर बाह्य के तीनों अस्तित्व-स्तरों के साथ सायुज्य रूप में परिवर्तित होते हैं और वह भी स्वतः स्वीकार्य में। जबरन या बलात् नहीं। मीरां क्रान्ति ही नहीं संक्रान्ति का ऐसा बवण्डर थी, जिसकी प्रेरणा से गिरधर को प्रिय-प्रेमी-सखा मानकर घर-घर, गली-गली, गाँव-गाँव, शहर-शहर नारियाँ मुक्तभाव से नृत्यरत हो गयीं—'मैं तो गिरधर के रंग राची!' का भाव सबका भाव हो गया। मीरां की भक्ती, मस्ती और आसक्ति ने ऐसी हवा चलाई कि वह युगों के पार हो गयी, किन्तु थमने का नाम ही नहीं ले रही। भक्ति-मुक्ति की ऐसी संक्रामक परिणति युगों-युगों तक अविरल है, अदमित है, अविच्छिन्न है। मीरां संक्रान्त चेतना की अभूतपूर्व उपलब्धि है, जो मानव समाजों के लिए शाश्वत दृष्टान्त बन गयी। अपने आप में अद्भुत और विलक्षण। जो बनायी नहीं जाती, जिसे मानव संस्कृतियाँ अपनी सैकड़ों-हजारों वर्षों की सर्जनात्मक आकांक्षाओं में पालती और जन्म देती हैं।

द्वापर में कृष्ण हुए। उन्होंने त्रेता के राम से भिन्न, 'मर्यादा' की जगह 'प्रेम' की स्थापना की तो कृष्णभक्ति के प्रवर्तक बल्लभाचार्य, विट्ठलनाथ, अष्टछाप के कवियों द्वारा तैयार की गयी आध्यात्मिकता एवं प्रेम के जल से सिंची भूमि से मीरां का जन्म हुआ। कृष्ण न होते, प्रेम न होता तो मीरां न होती। किन्तु मीरां ने जैसे कृष्ण को कमाया, अपनाया, वह एक सर्वथा अनूठापन लिये है, नयी पहल लिये है।

मीरां की गति अपने मूल की ओर है, बीज की ओर है। भक्ति, निष्ठा, अभिव्यक्ति—सभी स्तरों पर मीरां ने अपने अस्तित्व को, मूल को अर्जित किया है। आत्मिक, परम-आत्मिक उत्स (कृष्ण) से जुड़कर जीवन को उत्सव बनाने में वह धन्य हुई। अस्तित्व की गति, लय, छन्द को उसने निर्बन्ध के मंच पर गाया है, जीया है।

मीरां उफनती आवेगी बरसाती नदी की भाँति वर्जनाओं की चट्टानें तोड़ती, राह बनाती अपने गंतव्य की ओर बेरोक बढ़ती चली गयी। वर्जनाओं के टूटने की झंकार से मीरां की कविता उत्पन्न हुई। वह हर स्तर पर लगातार वर्जनाओं को क्रम-क्रम तोड़ती चली गयी। राजपरिवार की, रनिवासे की, सामन्ती मूल्यों की, पुरुष-प्रधान समाज द्वारा थोपे नियमों की कितनी ही वर्जनाओं की शृंखलाएँ मीरां ने तोड़ फेंकीं और मुक्त हो गयी। इतना ही नहीं, तत्कालीन धर्म-सम्प्रदाय की वर्जनाओं को भी अस्वीकार कर दिया। तभी मीरां, मीरां बनी।

सन्त जातुकूरि मोल्ला

मोल्ला का दूसरा नाम मोल्लांबा है। वह आन्ध्र प्रदेश के सन्त कवियों-भक्तों में महत्त्वपूर्ण स्थान रखती है। मोल्ला ने तेलुगु भाषा में रामायण की रचना की। मोल्लांबा एक कुम्हार की पुत्री थी। अधिक पढ़ी-लिखी न होने पर भी रामायण की रचना उसने कैसे की, इस सम्बन्ध में उसका कथन है कि 'भगवान् श्रीराम ने स्वयं मेरी वाणी के द्वारा लौकिक एवं अलौकिक सुखों के साधन-स्वरूप इस पावन कथा को मुझसे कहलाया है। अतः इसमें विद्वानों को दोषारोपण न करना चाहिए।' मोल्ला का समय ई. सन् 1525 के आस-पास माना जाता है। वह बाल्यकाल में ही विधवा हो गयी थी। उसके पिता का नाम केसन सेठ्ठि था। पिता शिव भक्त थे। अतः मोल्ला को भी बचपन से ही धार्मिक संस्कार मिले। वह गोपवरमु गाँव जो नेलूर जिला में स्थित है, की निवासी थी और श्री कंठ मल्लेश्वर की आराधना करती थी। श्री मल्लेश्वर की कृपा से उसमें काव्य रचने की योग्यता उत्पन्न हुई, ऐसा उसका विश्वास था।

मोल्ला ने एक पद में कहा है कि 'भगवान् श्रीराम जैसे नरपालक की स्तुति करने के लिए अभ्यस्त यह जिह्वा साधारण राजाओं की स्तुति कैसे कर सकती है? अतः रामभक्त मोल्ला एकनिष्ठ एवं परमात्म-निष्ठ रहकर रामकथा का गुणगान करती हुई कहती है कि बड़े-बड़े विद्वान एवं पण्डित ही नहीं विद्या-विहीन व्यक्ति भी भगवान् के गुणगान कर सकता है, बस राम की कृपा उस पर होनी चाहिए। जिसमें राम के प्रति अनन्य भक्ति है, वह ही भगवान् की कृपा का पात्र हो सकता है।

मोल्ला की 'रामायण' तेलुगु साहित्य में विशिष्ट स्थान रखती है। कुछ विद्वानों का कहना है कि यह तेलुगु भाषा की प्रथम रामायण है, किन्तु कुछ अन्य विद्वान अन्नमाचारी की पत्नी तिरुमलांबा को प्रथम रामायण की रचयिता मानते हैं। मोल्ला कृत रामायण युद्धकाण्ड तक की कथा कहती है, आगे की कथा अपने इष्ट के क्लेशों के दुःसह-वियोग के कारण उसने छोड़ दी। सरल, सुबोध भाषा तथा चम्पू शैली में लिखी यह अद्भुत रामायण है।

सन्त हब्बा ख़ातून

(लौकिक के माध्यम से अलौकिक तक पहुँच)

सोलहवीं शताब्दी की कश्मीरी कवयित्री हब्बा ख़ातून यों सीधे-सीधे सन्त परम्परा में नहीं आतीं, वह एक गीत-सम्राज्ञी के रूप में सदा-सर्वदा के लिए जन-मानस में विराजमान हो गयी हैं। इस भोली-भाली ग्रामीण बाला ने अपनी उपेक्षाओं, वेदनाओं में जिस प्रकार खुदा को पुकारा है, उस पुकार का कारण भले ही उसका पति-प्रेम में, विरहाग्नि में दग्ध होना है, किन्तु उस बाला हब्बा ख़ातून की आत्मा की चीत्कार सिर्फ परम-आत्मा ही सुन सकता है या परमात्मा की बनायी हुई सृष्टि के लोग और शेष प्राणी जगत। वह पुकारती है :

गुनाह मेरे माफ़ करना, या खुदाया,
क्या मिलेगा तुझे भला मेरी मौत से?

जा रही हूँ पीड़ा में
गुजरेंगे कैसे ये दिन?

हृदय में जो आग की लपटें हैं, उनमें जल-झुलस कर उसका मन कुन्दन सरीखा हो गया है। अपने मूल स्वरूप—अपनी आत्मा की पहचान स्पष्ट हो आयी है। तब आत्मा के सामने परमात्मा के सिवा और कौन साक्षी हो सकता है? हब्बा ख़ातून क्योंकि विरह भाव की विभिन्न दशाओं को गहन अनुभूति शीलता में तल्लीन होकर गाती है, पागलपन—दीवानगी की हदों को छूती हुई गाती है। ऐसी दशा को विद्वान आलोचक श्याम लाल साधू उसकी तुलना सन्त कवयित्री मीरांबाई से करना उपयुक्त समझते हैं, "गुणात्मक भेद के बावजूद हब्बा ख़ातून की तुलना उसकी समकालीन वरिष्ठ कवयित्री राजस्थान की मीरांबाई से की जा सकती है। अपने समकालीन दो महाकवियों—सूर और तुलसी की तुलना में मीरां का काव्य परिमित है। उसके काव्य का प्रधान कथ्य गिरधर गोपाल के प्रति समर्पित तथा

उत्सर्गित अनन्य-प्रेम अनुभूति है, जिसे मीरां अपने जीवन की सफलता का चरम ध्येय मानती है। इसके अतिरिक्त जीवन के किसी भी अन्य क्षेत्र में उसकी रुचि नहीं है। अपने आराध्य देव (परम-प्रिय) में उसका अडिग विश्वास है। इसी कारण वह प्रसन्न है, सन्तुष्ट है और कभी-कभी परमानन्द को भी प्राप्त हो जाती है; हब्बा ख़ातून अपने गीतों में एक ऐसी प्रेमिका के रूप में उभरकर आती है जो हाड़-माँस के बने अपने लौकिक प्रेमी को अपनी ओर फेरने तथा उसमें प्रेम की ज्योति जगाने के लिए याचना, अनुनय-विनय, अनुरोध आदि का सहारा लेती है–

"काश, एक बार तुम आ जाते
उसके रूप से अँधेरा मिट जाय,
काश एक बार तुम आ जाते।"

(हब्बा ख़ातून, साहित्य अकादमी, पृ. 48, 49)

हब्बा ख़ातून की सबसे बड़ी विशेषता है उनकी विरह-वेदना। यह विरह-वेदना ऐन्द्रिकता की हदें पार करके आत्मिक हदों में पहुँच गयी है। मूल नाम 'जून' से जानी-पहचानी जाने वाली यह ग्राम-बाला गाँव के परिवेश से निकल जब अचानक महलों की रानी बन जाती है और फिर से जिन विरह-वेदनाओं के समुद्र में धकेल दी जाती है, वे नये नाम से–हब्बा ख़ातून नाम से जो विरही गीत अलापती हैं, वे स्वर समुद्री पक्षी की भाँति चारों ओर अपनी कारुणिक ध्वनियाँ छिटक देते हैं। अपने से पूर्व हुई कश्मीर की कवयित्रियों–सन्त कवयित्री ललद्यद, सन्त कवयित्री–रूपभवानी तथा अठारहवीं सदी में हुई कवयित्री-कोकिला अरणिमाल आदि की भाँति विरह-विदग्ध होकर अपने पावन भावना रूपी फूलों से जो गुलदस्ता बनाती है उस गुलदस्ते का मूल्य किसी भी प्रकार आध्यात्मिक-अक्षय कोश से कम नहीं। उसकी आब भी कैसी अद्वितीय है, हब्बा कहती है :

"गुलदस्ता सजाया है मैंने तेरे लिए रे,
मेरे खिले अनार-पुष्पों का आनन्द ले ले।
मैं हूँ तेरी धरती–
तू आकाश है मेरा
आवरण भी तू ही है मेरे रहस्यों का।"

(वही, पृ. 19)

यह तथ्य भी छिपा हुआ नहीं कि लौकिक प्रेम ही विकसित होकर आध्यात्मिक प्रेम में परिणत हो जाता है। अतः रहस्यों के जिस आवरण का उल्लेख उक्त पंक्तियों में हब्बा ख़ातून करती हैं, वह अध्यात्म क्षेत्र का ही मूल्य-मान है। सभी सन्तों की यह मान्यता रही है कि व्यक्ति को अपनी अन्तरआत्मा को जगाना

चाहिए, फिर जगी हुई आत्मा ही से परम-आत्मा का साक्षात्कार किया जा सकता है। सूक्ष्म (आत्मा) से ही अति सूक्ष्म (परम आत्मा) का योग (मिलन) हो सकता है, देह या मन से नहीं। अतः विरह-अग्नि में दग्ध होकर सूक्ष्म, पावन हो चुकी लौकिकता से अपूर्व अलौकिता का उद्‌भूत होना सन्तों की अवधारणाओं के साथ मेल खाता है। अन्यथा सदियों के कालखण्ड के पार आने वाले हब्बा ख़ातून के ये स्वर कोई मनों-वेगों-मात्र पर सवारी कर के यहाँ तक नहीं आये। ये आत्मिक अनुभूतियों के स्वर हैं, जो परम-आत्मिक बेधकता लिये हुए हैं और काल की सीमाओं को लाँघकर, बेधकर सदियों के पार आ रहे हैं। हब्बा ख़ातून ने अपनी मनो-भावनाओं को व्यक्त करने के लिए गीत विधा को चुना और उसे गेयता, मार्मिकता, वेदना की चरम स्थिति तक पहुँचाया।

यह भी ध्यान देने वाला तथ्य है कि हब्बा ख़ातून ने सीधे-सीधे अध्यात्म को न भी स्वीकार किया हो, पर परोक्ष रूप में उसी दिशा की यात्री बनी, जिसे सन्तों ने अपनाया। इस सन्दर्भ में श्याम लाल साधू लिखते हैं, "यों हब्बा ख़ातून ने मानव-जीवन की नश्वरता एवं आत्म-दमन अथवा विषय-विमुखता के लिए धर्मोपदेश की सार्थकता को पूर्णरूपेण नकारा भी नहीं। अपने एक गीत 'गिन्दने द्रायस' में कवयित्री उस रहस्यवादी अनुभूति से प्रभावित लगती है, जिसके अनुसार प्रायः यह स्वीकार किया जाता है कि इस क्षण-भंगुर संसार में 'स्व' का चिन्तन-मनन असारता के सिवा और कुछ भी नहीं है।"

(वही, वही, पृ. 47)

हब्बा ख़ातून (जन्म नाम ज़ून) के जन्म स्थान तथा कुछ अन्य घटनाओं को लेकर विद्वानों के कई मत हैं, किन्तु प्रमुख रूप में श्रीनगर के दक्षिण में पांपोर के निकट चंदहरर में इनका जन्म माना जाता है। ज़ून को कश्मीरी भाषा में चन्द्रमा कहा जाता है। ज़ून के पिता आबदी राथर अच्छे खाते-पीते धनिक किसान थे। उन्होंने ज़ून को अच्छी शिक्षा दिलाई और अज़ीज़ नाम के युवक से विवाह कर दिया। अज़ीज़ यों तो एक कुलीन परिवार से था, परन्तु अशिक्षित और उजड्ड-गँवार देहाती था। पति और उसकी माँ के द्वारा हब्बा ख़ातून को घोर यातनाएँ दी जातीं। सभी प्रकार के श्रमसाध्य कार्यों में उसे झोंके रखा जाता। परन्तु वह अपने पति को बेहद चाहती और सोचती कभी तो वह उसे चाहने, प्यार करने लगेगा, जो सम्भव न हो सका। हब्बा ख़ातून अपनी पीड़ा को गाती और पति को मनाने के हर सम्भव उपाय करती। उधर सास और पति उसे हर बहाने से डाँटते-फटकारते रहते। निर्दयी पति और क्रूर सास से अत्यन्त दुखी हब्बा ख़ातून एक बार वन में एक अत्यन्त मार्मिक एवं दर्दभरा गीत गा रही थी, जिसे कश्मीर के राजकुमार

यूसुफ़शाह चक ने सुना और वह खिंचता हुआ हब्बा ख़ातून के निकट पहुँच गया। इस अनिन्द्य सौन्दर्य को देख वह इतना प्रभावित हुआ कि उसने हब्बा ख़ातून को अपनी संगिनी बनाने का प्रस्ताव रख दिया, जिसे उसने स्वीकार कर लिया। सन् 1570 ई. में वह राजमहल की शोभा बन गयी। यूसुफ़शाह के साथ नये जीवन सफर में बड़े सुख से समय व्यतीत हो रहा था। वह 1579 ई. में तख़्त पर बैठा था कि एक वर्ष दो महीनों के बाद ही उससे तख़्त छिन गया। हब्बा ख़ातून का भाग्यचक्र फिर दुःखों को उसके लिए लेकर आ धमका। यूसुफशाह ने प्रयत्न किये ताकि राज वापिस पा सके, किन्तु सभी व्यर्थ हुए। अन्त में, वह मुगल सम्राट अकबर के पास सहायता पाने के लिए पहुँचा। अकबर स्वयं ही कश्मीर पर आँख गड़ाए बैठा था। उसने कूटनीति चालों से यूसुफ को सात वर्षों तक उलझाये-फँसाये रखा। इधर हब्बा ख़ातून ने पहले से भी अधिक गहरी चोट खायी और गीत लिखे-गाये। माना जाता है कि बिहार के बसोक नामक स्थान पर 1592 ई. में उसका निधन हो गया। यूसुफशाह के कश्मीर छोड़ने के पश्चात् बीस वर्ष तक दर-दर भटकती, जीवित रही। फिर प्रियतम की विरह में सदा के लिए दुनिया से विदा हो गयी।

सन्त बहिणाबाई

सत्रहवीं सदी के मध्य में अपनी अपूर्व अध्यात्म-निष्ठा के कारण विख्यात महाराष्ट्र की सन्त कवयित्री बहिणाबाई सन्त तुकाराम की शिष्या है। सुविख्यात एवं विशिष्ट सन्त परम्परा वारकरी को एक रूपक देने, विशाल मन्दिर मानने वाली बहिणाबाई स्वयं उस भव्य भवन के ऊपर लहराती हुई ध्वजा हैं। उन्होंने मराठी और हिन्दी दोनों भाषाओं में वाणी की रचना की है। तीस वर्ष के अधेड़ व्यक्ति से इनका तीन वर्ष की अवस्था में विवाह हुआ। बहिणाबाई अपने पति के जुल्मों का शिकार बनी, लेकिन फिर भी उसने पति को त्यागा नहीं। सन्त तुकाराम जाति के शूद्र थे, उनकी शिष्या होने के जितने भी उलाहने, अत्याचार, अपमान आदि मिले उन्हें बहिणाबाई ने हँसते हुए स्वीकार किया। बहिणाबाई जाति की ब्राह्मण थी। उनका तुकाराम की शिष्या होना किसी को भी असहाय नहीं हुआ। बहिणाबाई का जन्म शक सं. 1551 में महाराष्ट्र के बैजपुर तालुका के देवगाव नामक गाँव में हुआ था। एक दिन हिरंभट नामक व्यक्ति को स्वप्न में आदेश हुआ कि तुम्हारे पास एक गाय और बछड़ा है, उसे बहिणाबाई के पति रत्नाकर को दे दो। हिरंभट ने ऐसा ही किया उसने गाय और बछड़ा रत्नाकर को सौंप दिया। बहिणा और गाय के बछड़े में एक प्रकार की भावात्मक तन्मयता जाग उठी। वह जहाँ कहीं भी जाती तो बछड़ा उसके साथ-साथ रहता। एक दिन कोल्हापुर के मन्दिर में जयराम स्वामी का कीर्तन चल रहा था। बहिणाबाई भी अपने बछड़े को लेकर कीर्तन सुनने गयी थी। बछड़ा भी अन्य श्रोताओं की तरह तन्मयता के साथ कीर्तन सुन रहा था। इतना ही नहीं, आरती के बाद श्रोतागण कीर्तनकार के चरणों पर मत्था टेकते थे। उस समय बछड़ा भी उनके चरणों में माथा टेकता था। अगली बार बहिणाबाई अपने बछड़े को लेकर मन्दिर में भजन-कीर्तन सुनने के लिए गयी। मन्दिर में श्रोताओं की संख्या बढ़ रही थी और मन्दिर में लोग एक-एक इंच स्थान के लिए तरस रहे थे। लोगों ने देखा कि बछड़ा चार व्यक्ति की जगह घेरकर बैठा हुआ है, लोगों ने उसे उसी क्षण बाहर कर दिया। बहिणाबाई को जब पता चला

तो विलाप करने लगी। जयराम स्वामी ने भजन बीच में ही रोककर कहा—यह क्यों रो रही है। बाहर उन्हें बछड़े का स्वर सुनाई दिया वह भी रो रहा था। जयराम स्वामी ने बछड़े को भीतर लाने का आदेश दिया। इसके बाद दोनों का रोना थम गया। जयराम स्वामी ने हरि कीर्तन पुनः प्रारम्भ करते हुए कहा—

कथेलागी जीव होतों कासावीस।
पंशु की तयास म्हणो नये।।

हरिकीर्तन समाप्त होने पर सभी लोग जयराम स्वामी जी के चरणों पर माथा टेक कर एक-एक करके जाने लगे। पीछे-पीछे बछड़ा भी आया। उसने अपने अगले दोनों पैर झुकाकर स्वामीजी को नमस्कार किया। जयराम स्वामी की आँखों से आँसू बहने लगे। उन्होंने ममता से बछड़े को सहलाया। सुबह जब रत्नाकर भट गंगा स्नान करने के लिए जा रहे थे तो रास्ते में मीरांबाई नाम की एक स्त्री ने रत्नाकर भट को रोककर बहिणाबाई के विषय में गलत-गलत बताया कि वह मन्दिर में कीर्तन सुनने नहीं जाती है। जब वह जयराम स्वामी के चरणों के आगे मस्तक रखती है तो वह बहिणाबाई की पीठ सहलाते हैं। क्या यह एक स्त्री को शोभा देता है। इतना सुनने के बाद रत्नाकर भट का पारा चढ़ गया, वह वापस घर आ गया और उसने कोमल बहिणाबाई को इतना मारा कि वह तीन दिन तक बेहोश रही। बहिणाबाई की चीख-पुकार सुनकर बछड़े और गाय ने भी दाना-पानी छोड़ दिया। दाना-पानी न खाने के कारण बछड़े में खड़े होने की शक्ति न बची थी। पैरों में जान न होने के कारण वह गिर पड़ा। बहिणाबाई ने बैठकर बछड़े का सिर अपनी गोद में ले लिया। इसे देखकर गाय की आँखों में आँसू आ गये। कुछ देर बाद बछड़े की साँसें चलना बन्द होने लगीं। आँखें बन्द होने से पहले बछड़े के मुँह से निकला—

'यत्कृपा तमहं वंदे परमानंद माधवम्।'

यह कहकर बछड़े ने आँखें मूँद लीं। गाय कभी बछड़े को और कभी बहिणाबाई को देख रही थी। बछड़े की मृत्यु के बाद, सातवें दिन अर्थात् रविवार कार्तिक वदी पंचमी के दिन, शक संवत् 1569 को तुकोब ने दर्शन दिया। उसके माथे पर हाथ रखकर उन्होंने गुरुमन्त्र दिया। रत्नाकर भट कर्मठ वेदान्ती था। बहिणाबाई तुकाराम की शिष्य बने यह रत्नाकर को स्वीकार न था। वह कहता था क्षुद्र तुकाराम को किसने यह अधिकार दिया कि एक ब्राह्मणी उसके चरणों पर मत्था टेके और उसका गुरुत्व स्वीकार करे! लोग बहिणाबाई के दर्शन करने के लिए आते थे इसे। देखकर उसे जलन होती थी। एक दिन रत्नाकर भट के शरीर में जलन शुरू हो गयी। वैद्य दवा दे-देकर थक गये, लेकिन रत्नाकर सही ही न हो

रहा था। जब उन्होंने तुकाराम का स्मरण किया तो उन्हें इस पीड़ा से राहत मिली। थोड़े ही दिनों में रत्नाकर भट के स्वास्थ्य में सुधार होने लगा। उसने बहिणा से कहा—भगवान ने ही ब्राह्मण के भेष में आकर हमें हमारे भावी जीवन की दिशा दिखायी है। वेदान्ती ब्राह्मण होने के कारण मैं अब तक व्यर्थ का अहंकार कर रहा था। मैंने अब हरि भक्ति में ही जीवन व्यतीत करने का निश्चय किया है।

बहिणाबाई के मन में एक ही प्रश्न आ रहा था कि सच्चा ब्राह्मण कौन है? तुकोबा जैसे परमार्थ प्रवृत्ति में रचे-बसे महामानव को शूद्र कहकर दूर ढकेलना तथा केवल जन्म से ब्राह्मण होने के कारण तुकोबा के सामने नतमस्तक न होना कहाँ तक उचित है। जिस समय बहिणा के मन में यह प्रश्न आ रहा था, उसी समय उन्हें 'वज्रसूचिकोपनिषद्' नामक एक पोथी उनके हाथ लगी। इस पोथी का लाभ यह हुआ कि बहिणाबाई जिस मानसिक वेदनाओं से छटपटा रही थी, उनसे मुक्ति की राह मिली। उन्होंने अपने अभंगों के माध्यम से अपने इस दुःख को व्यक्त किया है। उसमें व्यथा तो उसकी अपनी थी, लेकिन उसका कारण उन्हें वज्रोपनिषद् में मिला। केवल निम्नवर्ण में जन्म लेने के कारण ही तुकोबा जैसे परमार्थी पुरुष की उपेक्षा करना आदि अनेक प्रश्नों का उत्तर उन्हें वज्रोपनिषद् में मिला। ऐसे महत्त्वपूर्ण ग्रन्थ का अनुवाद कर उन्होंने अपने जैसे अनेक शोषितों की सेवा की। बहिणाबाई ने कृष्ण भक्ति के सम्बन्ध में अनेक निबन्ध लिखे हैं। उसका कहना है कि भक्त को पतिव्रता स्त्री की तरह अपना हृदय पति रूपी परमेश्वर को अर्पित करना चाहिए। तुकोबा की कृपा से उनका जीवन सार्थक हुआ। तुकोबा के बैकुण्ठवास के बाद उसे वहाँ रहने की इच्छा नहीं रह गयी थी। इसलिए अब पूरा परिवार सिऊर आ गया। बहत्तर वर्ष की आयु का अपना शेष भाग उसने यहीं व्यतीत किया।

बहिणाबाई का लड़का विट्ठल घर-गृहस्थी में रम गया था और एक अच्छे कीर्तनकार के रूप में प्रसिद्ध था। उसकी पत्नी का निधन बहिणाबाई के निर्वाण से 18 दिन पूर्व हुआ था। तभी बहिणाबाई का पत्र आया—

तेरही से निवृत्त होते ही यहाँ तुरन्त चले आओ। मेरे जीवन का अन्तिम दिन आश्विन शुद्ध प्रतिपदा है। बहिणाबाई ने अपने पुत्र को प्यार से सहलाया उसके बाद वह इस लोक से चली गयीं। सन्त बहिणाबाई के 740 मराठी पद भक्त जनों की अमूल्य निधि हैं। उनके प्राप्त बाईस हिन्दी पदों में मराठी पदों की सरसता भले ही न हो, परन्तु उनमें प्रचलित सधुक्कड़ी भाषा शैली में प्रदर्शित जीवनानुभव की चमक अवश्य ही भक्त हृदय को प्रभावित करती है।

फूल बिना फल, जल बिना अंकुर, बिन पुरुष नहीं छाया।
जल बिन कमलिनी, रवि बिन तेज,
है दीप के पास प्रकाश।
नर तहाँ नारी, पुण्य तहा अविनाश
बहिणी कहे जिसकू हरि भावे, वोहि है पुण्य की रास।
शान्ति क्षमा इसके घर सोवे, सबहि सम्पत्ति दास।।

सन्त बहिणाबाई की एक महत्त्वपूर्ण विशेषता यह है कि उन्होंने विस्तार से अपनी आत्मकथा जिज्ञासुओं के लिए प्रस्तुत की है। उन्होंने बड़े निःसंकोच भाव से अपने को वारकरी सम्प्रदाय के मन्दिर की ध्वजा माना है।

सन्त जनाबाई

महाराष्ट्र की सन्त परम्परा में सन्त जनाबाई का अपना एक विशिष्ट स्थान है। जिस प्रकार फूल की सुगन्ध से उस स्थान की मिट्टी भी महक उठती है उसी प्रकार नामदेव के साथ रहकर जनाबाई की जन्मजात प्रतिभा का विकास हुआ। जनाबाई के अभंगों पर नामदेव और ज्ञानेश्वर की वाणी की छाप स्पष्ट रूप से दिखायी देती है। इनके अभंगों में दोनों का माधुर्य तो है ही, साथ ही उसमें जनाबाई के अपने अन्तर की मिठास भी है।

जनाबाई कहती हैं—जिस प्रकार विवाह समारोह में सभी को मिठाई खाने को मिलती है, उसी प्रकार नामदेव की दासी बनने से मुझे श्री विट्ठल की प्राप्ति हुई। नामदेव जब नदी किनारे रेत पर कीर्तन करते थे, उस समय जनाबाई हाथ में करताल लेकर बजाया करती थी। नामदेव जी जब कीर्तन करते थे, उस समय साक्षात् पांडुरंग उनके आगे नृत्य करते थे। प्रेम का यह अद्भुत दृश्य जनाबाई ने अपनी आँखों से देखा था। नामदेव की दासी के रूप में अपनी अलग पहचान बनाने वाली जनाबाई नामदेव के घर के सदस्य के रूप में ही थी। जनाबाई का जीवन नामदेव से इतना अधिक जुड़ा हुआ था कि उनके सम्बन्ध में जो भी जानकारी प्राप्त है, वह नामदेव के जीवन से ही प्राप्त होती है। दामाशेटी परिवार के सान्निध्य से जनाबाई के हृदय में भी भगवद्भक्ति की ज्योति जगी। नामदेव को अपना आधार मानकर उनकी शरण में रही। एक आख्यायिका के अनुसार, नामदेव को वह चन्द्रभागा नदी के किनारे रेत पर पड़ी मिली। एक यह भी आख्यायिका है कि एक बार पंढरपुर जाने पर जनाबाई के माता-पिता की अचानक मृत्यु हो गयी और पांडुरंग के मन्दिर में अनाथ पड़ी रही। इस अभागी लड़की को दामाजी नामक दर्जी अपने घर ले आया और इसकी परवरिश की। जनाबाई को प्रसन्न रखने के लिए पांडुरंग अनेक चमत्कारों की सृष्टि करते थे। नामदेव का परिवार बहुत बड़ा था। जनाबाई घर का काम करते-करते थक जाती थी। लेकिन

जनाबाई के लिए पांडुरंग घर में झाड़ू व कूड़ा उठाते थे। जनाबाई जंगल में ईंधन बटोरने के लिए जाती थी, उस समय भगवान उसके पीछे-पीछे जाते थे–

रानागेली शेणी साठी।
मागे विट्ठल पाठी।।

जनाबाई के सम्बन्ध में एक और कथा प्रसिद्ध है। एक बार जनाबाई पर भगवान का पदक चुराने का आरोप लगा था। उसे सूली पर चढ़ाने के लिए सैनिक आये। जनाबाई ने विट्ठल को पुकार लगायी। देखते ही देखते सूली का रूपान्तर पानी में हो गया। एक दिन विट्ठल जनाबाई के केश सँवार रहे थे तो बालों में से काली जूँ के ढेर जमीन पर गिरने लगे। भगवान एक-एक जूँ को मारते और वह जूँ दिव्य रूप धारण करके बैकुण्ठ की ओर चली जाती।

जनाबाई की जन्म की तारीख, उसने विवाह किया था या नहीं आदि बातों की कोई जानकारी प्राप्त नहीं है। लेकिन जनाबाई नामदेव जी के साथ अपना सम्बन्ध बहुत पुराना मानती हैं। जनाबाई के अनुसार, हिरण्यकश्यप के कुल में नामदेव प्रह्लाद थे और वे पद्मिनी नाम की उनकी दासी थीं। दूसरे जन्म में नामदेव रामभक्त अंगद थे और वे मंथरा थीं। द्वापर युग में नामदेव ने कृष्ण के सेवक उद्धव का अवतार लिया था, उस समय जनाबाई कुब्जा नाम की दासी थीं। कलियुग में नामदेव विट्ठल भक्त हो गये और जनाबाई उनकी दासी।

जनाबाई का ईश्वर भक्ति शरीर से परे है। ईश्वर तो उनके प्रतिदिन के कार्यों में मदद करता है। आज तक अनेक भक्तों ने ईश्वर की सेवा की होगी, लेकिन अराध्य से सेवाभाव लेने वाली जनाबाई अकेली है। जनाबाई का स्त्री होना ईश्वर भक्ति के मार्ग में आड़े नहीं आया। अनेक सन्तों ने भक्ति करते समय स्वयं स्त्री की कल्पना की है। कबीरदास जी ने तो स्वयं को 'राम की बहुरिया' कहा है। लेकिन जनाबाई ईश्वर की भक्ति करते समय यह भूल जाती है कि वह स्त्री है। जनाबाई विट्ठल को 'माउली (माँ) कहती है या 'प्रिय सखी विठाबाई' के नाम से पुकारती है। कभी वह भगवान से प्यार से बात करती है तो कभी उसका स्वर कठोर हो जाता है। जनाबाई के अभंगों में मोगरा की सुगन्ध होने के कारण उन्हें शब्द-सुमनों की सेज कहा है। जनाबाई ने अपने प्रिय सन्तों को विठुमाई (भगवान) के शरीर पर खेलने की अनुमति प्रदान की है। जनबाई कहती हैं–कन्धे पर निवृत्ति बैठे हैं, सोपान हाथ थामे हुए हैं। ज्ञानेश्वर अपने ही पैरों से बड़े ही आत्मविश्वास से चल रहे हैं। मुक्ताबाई उनके पीछे चल रही हैं। नामदेव ने विठूमाई की कानी उँगली पकड़ी हुई है। इस ठाठ से विठूमाई अपने भक्तों को निजधाम ले जा रही हैं।

जनाबाई ने अपने काव्य की रचना साधारण रूप से की हैं। इसलिए कविता में बाह्य सजावट या आलंकारिता दिखायी नहीं देती। जीवन के यथार्थ, जो उन्होंने भोगा था, उसे कविता के रूप में प्रस्तुत किया है, जिसमें शीतलता, माधुर्य, प्रेम, थके हुए व्यक्ति को तृप्त करने का सामर्थ्य है। जना जीवन भर माता-पिता के प्रेम के लिए तरसती रही। माता-पिता की तड़पन ने उसे जीवन भर जलाया। नामदेव के प्रति जनाबाई का आदर भाव महान है। जीवन भर दासी के रूप में रहकर विट्ठल को पुकारा। ज्ञानेश्वर जैसी विभूतियों की पूजा आदि अनेक भाव उसकी कविता में अभिव्यक्त हुए हैं। वह अपने मनोभावों को बड़ी तरलता से व्यक्त करती हैं।

जनाबाई के हृदय में मातृत्व की भूख इतनी तीव्र थी कि वह स्वप्न में गोकुल के कान्हा के साथ खेलती है, और जब नामदेव को पुत्र रत्न की प्राप्ति होती है तो वह आनन्द-विभोर हो जाती है। जनाबाई ने अपना सम्पूर्ण जीवन दासी के रूप में बिताया। जनाबाई हर समय विट्ठल की छवि को निहारा करती थी।

सन्त उमा

सन्त उमा भी ऐसी ही सन्त कवयित्री हैं, जिसके जन्म-मृत्यु के काल की तथा गुरु के सम्बन्ध में भी कुछ जानकारी उपलब्ध नहीं होती। डॉ. सावित्री सिन्हा ने अपने ग्रन्थ 'मध्यकालीन हिन्दी कवयित्रियों' में उमा पर लिखते हुए कहा है कि "उमा भी किसी सन्त को गुरु बनाकर उनसे सतगुरु का भेद जानने की जिज्ञासु कोई शिष्या प्रतीत होती है। नागरी प्रचारिणी सभा की अप्रकाशित खोज-रिपोर्ट में उनका उल्लेख है, तथा उनके पद वहाँ के संग्रहालय में एक हस्तलिखित ग्रन्थ में संकलित हैं।"

सन्त उमा के पदों में ब्रह्म की जैसी विवेचना हुई है तथा सूफ़ीमत के संकेतों से उनका काल मध्य युगीन सन्तों का काल ही प्रतीत होता है तथा वह ब्रह्म को निर्गुण-निराकार मानती हैं। उमा के पदों में उसकी तीव्र आध्यात्मिक अनुभूतियों और भावों के वेग को रेखांकित किया जा सकता है। वह अपना आत्म सतगुरु के आत्म में मिला देना चाहती है उसमें एक व्याकुलता, अपने को मिटा देने की तीव्र चाह है। सतगुरु का सैन-संकेत प्राप्त करके वह पुकार उठती है :

सहेल्या है भारो बहुत सुधारो, सतगुरु सैन मिलायो।
राम तमारा नाम मै को रैण-दिवस तलफायो।।

राम के नाम ने उसके भीतर एक तड़पन उत्पन्न कर दी है। लगातार एक बेबस बेचैनी पैदा कर दी है। अब तो सतगुरु में विलीन होकर ही, पूर्ण ब्रह्म में समा कर ही चैन आ सकता है :

सतगुरु मैं लय जाइया हो मिलिया पूरन ब्रह्म माह।

अपने एक अन्य पद में पाँच तत्त्वों से बने शरीर को उद्यान के रूप में अंकित करती है। प्रेम की पिचकारी तथा ज्ञान के गुलाल से फाग खेलने का चित्र उकेरा है। 'ब्रह्म' का निर्गुण रूप है। उनके इस पद से उमा के योग और ज्ञान का भी पता चलता है :

ऐसे फाग खेले राम राय।
सुरत सुहागण सम्मुख आय।।
पंच तत को बन्यो है बाग।
जामें सामन्त सहेली रमत फाग।।
जहं राम झरोखे बैठे आय।
प्रेम पसारी प्यारी लगाय।।
जहाँ सब जनन को बन्यो है, ज्ञान-गुलाल लियो हाथ।
केसर गारो जाय।।

इस निर्गुण ब्रह्म से ऐसी अद्भुत फाग खेलने की उमा की चाहना है। वह सन्तों से, सद्गुरु की ऐसी एक अनोखी फाग की याचना कर रही है, जिसमें जीवन के आध्यात्मिक रंगों में डूबने-भीगने की तीव्र, उद्वेगी आकांक्षा छलक रही है :

सतगुरु जी फगवा बगसाव उमा की अरदास सुनो।

उमा एक सांसारिक व्यक्ति के जीवन की स्वाभाविक कमियों का उल्लेख करती हुई कहती है कि कामी, कपटी, क्रोधी मेरा मन अनेक प्रकार के लोभों में लीन है, किन्तु आप तो अधम व्यक्तियों का उद्धार करने वाले के नाम से प्रसिद्ध हैं, अतः मुझ पर भी करुणा करके, दया करके मेरा भी उद्धार करो, यही मेरी अरज है :

सैयां हो मेरी सब ही न बीरी हों गुनो।
करुणानन्द सामी अरज सुनो।।
कामी, कपटी, क्रोधी बसु लालच में अति लीन।
अधम उधारन विरद तुम्हारो सो क्यों होवेगा दीन?
जो तुम तारी सन्तन का हो मेरी समारत नाहिं।
अधम उधारन नाम सुनो हो, खुशी रहुं मन माँह।

ज्ञान और भक्ति, निर्गुण और सगुण में उमा भेद को इस कारण मिटाती-सी प्रतीत होती है, क्योंकि ज्ञान की रूक्षता के सामने भक्ति की सगुणता-सरसता अधिक आश्वस्तीकर लग सकती है। भक्तों ने भी तो आखिरकार अधम उधारन प्रभु के हाथों उद्धार पाया था। अतः वह ब्रह्म के सगुण रूप को अपनी अरज सुना रही है। सम्भव है वह इसी रूप में कृपा बरसा देवें!

सन्त ताज बीबी

कृष्ण भक्ति में मतवाली हुई, मुस्लिम परिवार में जन्मी, ताज ने मीरांबाई की तरह बहुत ऊँचा पद प्राप्त किया है। वह कृष्ण की रूप माधुरी पर ऐसी रीझी कि अपने जन्म-जात धर्म को कृष्ण के ऊपर न्यौछावर कर दिया। वह तो एक तरह से मीरां से भी आगे बढ़ गयी। मीरां ने तत्कालीन अपने राजपरिवार की मर्यादाओं का परित्याग करके हिन्दू पुरुष समाज की नारी पर लगाई गयी पाबन्दियों को छोड़ा और बदनामी सही : साधु-सन्तों के सत्संग में बे-रोक-टोक नाची और कृष्ण को अपना पति घोषित कर निर्द्वन्द्व होकर विचरण करती रही; किन्तु ताज ने तत्कालीन शासकों के वर्चस्वी मुस्लिम धर्म-समाज, कलमा-कुरान आदि तथा अपने मुगलानी धर्म की आन-बान को कृष्ण पर कुर्बान करके हिन्दुआनी बनना स्वीकार किया। इस कारण हुई बदनामी को शिरोधार्य किया और मुक्त कण्ठ से गाया :

सुनो दिलजानी, मेरे दिल दी कहानी तुम।
दस्त ही बिकानी, बदनामी भी सहूँगी मैं।।
देवपूजा ठानी मैं, निवाजहू भुलानी, तजे।
कलमा कुरान साड़े, गुननि गहूँगी मैं।।

सांवला सलोना सिरताज, सिर कुल्ले दिये।
तेरे नेह दाग में, निदाघ ह्वै दहूँगी मैं।।
नन्द के कुमार, कुरबान तेरी सूरत पै।
हूँ तो मुगलानी, हिन्दुआनी ह्वै रहूँगी मैं।।

भगवान् कृष्ण की बाँसुरी में कैसी आत्म-बेधक मिठास रही होगी। धुन में कैसी स्वर्गीय मादकता रही होगी कि ताज अपनी सुध-बुध ही भूल गयी। इसने अपनी अनन्य भक्ति से सभी भक्तों को ऐसा मोहा, ऐसा जादू कर दिया कि सबने ताज को अपना सिरताज बना लिया। अपने हृदय-पटल पर बैठा लिया। कृष्ण के हाथों बिक कर समूचे ब्रजमण्डल को, गोप-गोपियों को बिन मोल खरीद लिया।

ताज का नाम अमरता पा गया। वस्तुतः बाँसुरी का स्वर वह अनहदनाद है जो ब्रह्माण्ड में ध्वनित हो रहा है। यही कण-कण में निनादित है और समूची प्रकृति में अनुगुंजित है। वही करील के कुंजों में, यमुना-तट पर गूँज रहा है तथा धरा-आकाश को स्पन्दित किये हुए है जिससे पशु-पक्षी भी मुग्ध हैं। तब ताज अपनी उत्कट भक्ति भावना में कैसे बच सकती थी। कृष्ण की रूप-माधुरी भी कैसी गहरी आसक्ति उत्पन्न करने वाली है। अब तो ताज उसकी विरह-अग्नि में जलने को तैयार है।

कृष्ण की भक्ति परम्परा में कृष्ण से सम्बन्धित स्थान, प्रतीक, चिह्न, विशेषकर कालिन्दी का तट और कदम्ब की कुंजों के वर्णन के साथ वहाँ रची हुई कमल-सेज की शोभा का वर्णन करती आसक्त ताज कहती हैं :

कालिंदी के तीर नीर, निकट कदम्ब कुंज।
मन कुछ ईच्छा कीनी, सेज सरोजन की।।
अन्तर के यामी कामी, कंवल के दल लेके।
रची सेज तहाँ शोभा, कहा कहौ तिन की।।

तिहि सम 'ताज' प्रभु दम्पति मिले की छबि।
बरन सकत कोऊ, नाहिं वाहि छिन की।।
राधा की चटक देख, अँखियाँ अटक रहीं।
मीन को मटन नाहिं साजत बा दिन की।।

कृष्ण के साथ ही राधा की चटकीली, लुभावनी छवि पर आँखें अटक जाती हैं। उस क्षण और उस दिन की स्मृति मानव-जीवन की मोक्षदायिनी संघटना है। उसका वर्णन शब्दों में नहीं किया जा सकता। केवल अनुभूति की जा सकती है। क्योंकि यह आत्मा का विषय है, मन-बुद्धि का नहीं।

ताज का जन्म संवत् 1700 के आस-पास माना जाता है। करौली ग्राम में वह जन्मी। वह मुस्लिम परिवार में जन्मी-पली किन्तु हृदय पर वैष्णव धर्म के, भागवत भक्ति के गहरे अध्यात्म रंग में ऐसी रंगी कि कृष्ण भक्तों में अद्वितीय नारी सन्त मीरांबाई से होड़ लेने लगी। आत्म और स्वत्व को न्यौछावर कर अपना सामाजिक, धर्म-सम्प्रदायगत, जन्मजात सर्वस्य गँवा देने को आतुर। कवित्व में भी अद्वितीय। अनोखी चटख लिये।

कहते हैं ताज प्रतिदिन प्रातः स्नान करके ठाकुर जी के दर्शन-पूजन करने मन्दिर में जातीं। दर्शन के उपरान्त भोजन करतीं। यह उसका नित्यक्रम था। एक

दिन पुजारियों ने यह पता चलने पर कि ताज मुसलमान है, उसे मन्दिर में प्रवेश करने से रोक दिया। ताज अत्यन्त दुखी हो गयी। उसने दर्शन न कर पाने के कारण अन्न-जल त्याग दिया और मन्दिर के आँगन में ही बैठ गयी। वहीं बैठकर अपने प्राणप्रिय भगवान कृष्ण के नाम का जाप करने लगी। पूरा दिन निराहार ही बीत गया। रात हो गयी। कहते हैं जब सब कहीं रात का सन्नाटा पसर गया तब कृष्ण स्वयं मनुष्य के रूप में आये। भोजन का थाल हाथ में लिये हुए। ताज के निकट आकर बोले, ताज! 'तुम आज पूरा दिन भूखी रही हो। प्रसाद भी नहीं खाया। लो! प्रसाद खा लो।' ताज ने भगवान के हाथों से दिया प्रसाद खाया। भगवान ने ताज से यह भी कहा कि प्रातःकाल जब पुजारी एवं भक्त जन मन्दिर में आयें सो उन्हें यह सारी घटना कह सुनाना तथा कहना कि भगवान कह गये हैं कि ताज को कोई मन्दिर-प्रवेश से न रोके और प्रसाद भी लेने दे। ऐसा न करने से भगवान रुष्ट हो जायेंगे। तथा दण्ड भी देंगे।

प्रातःकाल जब सब लोग आये। मन्दिर खोला तो ताज को वहीं बैठे पाया। ताज ने उन्हें रात की सारी बातें कह दीं। वे लोग बहुत चकित हुए। सभी ने अपने व्यवहार के प्रति ताज से क्षमा माँगी। तब से ताज का श्रेष्ठ वैष्णव भक्त की भाँति सम्मान होने लगा। ताज सबसे पहले मन्दिर में प्रवेश कर दर्शन करती, उसके पश्चात् सारे भक्त लोग दर्शन करते। पहले ताज प्रसाद ग्रहण करती, बाद में अन्य लोग प्रसाद ग्रहण करते। ताज को भगवान की कृपा से तो काव्य सृजन की प्रेरणा मिली, उससे भी ताज की प्रतिष्ठा अधिक बढ़ गयी। उसने भगवान कृष्ण के रूप, शृंगार, शक्ति और उनके प्रति अपनी भक्ति के उद्‌गार बड़े रसपूर्ण शब्दों में व्यक्त किये हैं। अपनी एकनिष्ठ, अनन्य भक्ति को व्यक्त करती हुई ताज कहती हैं :

कोऊ जन सेवै शाह, राजा राव ठाकुर को।
कोऊ जन सेवै भैरो, भूप काज सार है।।
कोऊ जन सेवै देवी, चंडिका प्रचण्ड ही करें।
कोऊ जन सेवै ताज, गनपति सिरभार है।।

कोऊ जन सेवै प्रेत, भूत भवसागर को।
कोऊ जन सेवै जग, कहूँ वार-वार है।।
काहू के ईस विधि, संकर को नेम बड़ो।
मेरे तो अधार एक, नन्द के कुमार है।।

लोग भिन्न-भिन्न देवी-देवताओं की सेवा करते हैं। राजा राव आदि या गणपति

गणेश की पूजा या चंडिका देवी की ज्योति प्रचण्ड करते हैं। या फिर कोई भक्त शंकर की आराधना में नेम-व्रत निभाते हैं, किन्तु ताज के प्राणाधार, भक्ति के आधार मात्र नन्द बाबा के पुत्र कृष्ण हैं।

वैसे गहरे आशयों, प्रतीक वृत्तों में झाँका जाये तो प्रकृति-निःसर्ग में गूँजने वाला नाद-अनहद नाद ही कृष्ण की बाँसुरी का स्वर नहीं! यह नाद बाहर प्रकृति-परिवेश में भी और व्यक्ति के भीतर भी अनुगुंजित हो रहा है। इसे जो भी अन्तश्चेतना में थोड़ा भी ध्यानपूर्वक सुनेगा, वह दीवाना हुए बिना कैसे, क्योंकर रह पायेगा। पशु-पक्षियों पर, पौधों, वनस्पतियों पर यह नाद अपना चमत्कारी प्रभाव दिखाता है। तब ताज जैसी संवेदनशील, स्वभाव से ही भावुक नारी कैसे बच सकती है।

सन्त कवयित्री इन्द्रामती

सन्त इन्द्रामती प्रणामी सम्प्रदाय के संस्थापक सन्त प्रवर महामति प्राणनाथ की पत्नी थीं। उसने पति द्वारा स्थापित पंथ के प्रचार-प्रसार में महत् योगदान दिया। आरम्भ में इस पंथ का नाम धामी पंथ था। विक्रमी सत्रहवीं शताब्दी के आसपास जब ईसाई भारत में आये तो उससे पूर्व मुसलमानों का राज तथा मुस्लिम सम्प्रदाय भारत में खूब फैल चुका था। पन्ना के निवासी प्राणनाथ ने हिन्दू-मुस्लिम-ईसाई—इन तीनों को एक ही ईश्वर-अल्ला-गॉड की सन्तान होने के कारण एकता के सूत्र में बाँधने की खातिर धामी पंथ के माध्यम से अभियान छेड़ा। उन्होंने स्वयं भारतीय धर्म-ग्रन्थों का अध्ययन ही नहीं किया, कुरान और बाइबल का भी गहन अध्ययन किया। और धार्मिक एकत्व की गम्भीर पहल की। प्रेम-भावना का प्रचार किया तथा स्वयं को मेहदी, मसीहा और कल्कि—एकरूप घोषित किया। इस सारे अभियान में उसकी पत्नी इन्द्रावती का स्वर भी महत्त्वपूर्ण ढंग से मिला हुआ देखा जा सकता है। क्योंकि इन्द्रामती ने पंथ-प्रचार को विस्तार देने के लिए कई ग्रन्थों की रचना की। धामी पंथ के वृहद आकार वाले ग्रन्थ में इन्द्रामती के रचे ग्रन्थ भी संकलित हैं। पन्ना नरेश छत्रसाल का जन्म सन् 1649 ई. तथा मृत्यु सन् 1726 ई. स्वीकार किया जाता है और प्राणनाथ छत्रसाल के समकालीन सन्त हैं। अतः इन्द्रामती का काल भी यही जाना जाता है। धामी पंथ के महाग्रन्थ की हस्तलिखित प्रति (नागर प्रचारणी सभा ग्रन्थागार) में संकलित विभिन्न ग्रन्थों में इन्द्रामती की वाणी के पद भी हैं तथा पृथक् ग्रन्थ भी हैं।

'ऋट्ट ऋतु' ग्रन्थ में छः ऋतुओं के वर्णन के साथ वियोग शृंगार का वर्णन है। सभी पदों के अन्त में कवयित्री के नाम की छाप भी अंकित है। इसी के साथ 'षट् ऋतु नो कलस' भी प्रेम-विरह के व्यापक भावों को समर्पित ग्रन्थ है। यह भी पूरा इन्द्रामती द्वारा रचित है। प्राणनाथ जी ने अपने मन से इन्द्रामती को उसके साथ के लिए जो बताया इन्द्रामती ने लिखा है :

साथ के सुख कारने इन्द्रामती को मैं कह्या।
ता थें मुख इन्द्रामती से स्रवण कर भया।।

एक अन्य ग्रन्थ 'बारहमासी' भी कृष्ण को सम्बोधित करके विप्रलम्भ श्रृंगार का वर्णन है। वर्षा ऋतु में किशोरियाँ अपने प्रियतम के स्नेह में डूबी हुई हैं। किन्तु बेचारी विरहणी दूसरों की सुखानुभूति तथा प्रवृत्ति के उद्दीपन से कष्ट झेलती और अपनी असमर्थता का अनुभव करती हुई कहती है :

हूँ तो बाला जी बिना
सोभा लिये वणराय, रुचे बरस्यां मेघ।
तेंडी मीडयो अंगनाये, घर आय कियो श्रृंगार।
...ऐ नीर तेरे आधार
छेम दीजिए।
एने बचण इन्द्रामती-अंग बाला तेडी लीजिए।

अन्य युवतियाँ तो चोवा, चन्दन और अरगजा लेपन कर अपने अंगों को शोभित करती हैं किन्तु विरहणी प्रेमी के अभाव में विरह में तड़पती है।

'रामत रहस्य' भी सम्पूर्ण इन्द्रामती का ही लिखा हुआ लगता है। 'खिलवत' 'कीर्तन' तथा 'आठों सागर' आदि में भी इन्द्रामती के पद मिलते हैं। इस प्रकार सभी सम्प्रदायों में एकता के महा प्रयास में इन्द्रामती के स्वरो, विचारों का पूर्ण सहयोग रेखांकित किया जा सकता है, जो इस सन्त नारी के योगदान को सन्त नारी परम्परा में महत्त्वपूर्ण बनाता है।

सन्त सहजोबाई

जो मुक्त होगा, वह सहज भी होगा। मुक्ति सहजता का पर्याय है। बड़े-बड़े सन्त, भक्त मुक्त हैं, इसीलिए सहज हैं। मनुष्य-सभ्यता के बड़े भाव एवं कलाएँ भी हमें मुक्त करके सहज बनाते हैं। वे अपनी मूल प्रकृति में स्त्रैण हैं। भक्ति, करुणा, दया हो या फिर कविता, संगीत, नृत्य। ये मुक्तिमुखी हैं, इसी कारण स्त्रैण भी हैं। हिन्दी और उर्दू में भी इसी अन्तर को गहरे में देखा जा सकता है। जैसे स्त्री-पुरुष अपने बाहरी रूप में भिन्न हैं, ऐसे ही हिन्दी और उर्दू भी। हिन्दी मूलतः और बाह्यतः एक जैसी है। उभयपक्षी स्त्रैण है। हाँ, उर्दू शायरी, जो बाह्यतः पुरुषता लिये होती है, अपनी गहरी-ऊँची शायरी के अन्तिम सोपानों पर, परिणति पर स्त्रैण ही होती है। जैसे नारी-पुरुष जन्म से पहले भी एक ही उत्स से जुड़े हुए अभिन्न होते हैं और मृत्यु के बाद भी एक ही विराट से जुड़कर पुनः अभिन्न हो जाते हैं। सूफी मत में, पुरुष सन्तों में, पुरुषभाव होता है। किन्तु इसी मत की नारी सन्तों में स्त्रैणभाव मिलता है, उनकी शायरी में अन्तरतम का अन्तरयामी भाव तो स्त्रैण ही होगा। इसी धरातल पर कलाएँ आनन्द का द्वार खोलती हैं, जहाँ व्यक्ति-मानव स्वयं के देश-काल का अतिक्रमण करके पहुँचता-डूबता-उतराता है।

हिन्दी की नारी सन्तों में सर्वाधिक ख्यात नाम मीरांबाई का है। वैसे दक्षिण में आंडाल, बहिणाबाई और कश्मीर में लल्लेश्वरी के नाम भी कम ख्यात नहीं। ये सन्त कवयित्रियाँ अपने मूल से, प्रकृति-स्वभाव से ही स्त्रैण होकर भारतीय मूल की अध्यात्म-अनुभूति से, जिस प्रगाढ़ता से जुड़ी हैं, वह उन्हें मुक्ति की सहज अन्तःप्रकृति की हिलोर पर आरूढ़ कर देती है। कबीर, तुलसी, सूर को जो आयाम, भक्ति में, गहरे डूबकर प्राप्त हुए, वे नारी सन्तों को, जन्मतः ही उपलब्ध हो जाते हैं। हाँ, आध्यात्मिकता की सहजता, सहजावस्था उन्हें भी अर्जित करनी पड़ती है; तभी मुक्ति भी सम्भव होती है।

प्रेम, संसार का सार है। प्रेम पा जाओ, सौभाग्य से, तो समझो संसार पा गये। प्रेम, अन्ततः परम-आत्म का ही स्वरूप है। नारी के लिए प्रेम सहज है। प्रेम

क्योंकि भाव है, इसलिए नारी को अति सहज है। प्रेम नारी का स्वभाव है। प्रेम में समग्रता है, जो नारी के लिए सहज है। नारी का स्वभाव समग्रता के प्रति अति अनुकूल है। वह संसार को भी समग्रता में पकड़ती है। खण्डों या अंशों में नहीं। इसलिए घर-गृहस्थी के प्रति नारी का मोह, पुरुष से कहीं गहरा और समग्र होता है, क्योंकि इसी पर सांसारिकता की धुर्री टिकती है। इसी से माया (संसार) का प्रसार सम्भव है। यह सब प्रेम का ही प्रसार है। उसके आस-पास का फैलाव है। फिर यह व्यक्ति-प्रेम ही, सांसारिक प्रेम ही और गहरा होकर परम-आत्मिक प्रेम में विकसित हो जाता है। अति सहज है। मीरां, लल्लेश्वरी, आंडाल नारी सन्तों के लिए भी सहज और सुलभ हुआ है और सहजोबाई के लिए भी।

सहजोबाई के साथ कुछ अजीब घटना हुई। वह आरम्भिक शिक्षा पूरी कर चुकी थी। माता-पिता ने 11-12 वर्ष की आयु में ही सहजो का विवाह भार्गव कुल के एक सम्पन्न परिवार में निश्चित किया। विवाह के अवसर पर सजी-सँवरी बैठी सहजोबाई को आशीर्वाद देने के लिए उसके मामा के पुत्र एवं प्रसिद्धि पा चुके सन्त चरणदास आये और सहजो को देखकर कहा :

सहजो तनिक सुहाग पर, कहा गुंदाए शीस।
मरना है रहना नहीं, जाना बिस्वे बीस।।

उक्त शब्द सुनकर सहजो की चेतना पर प्रहार हुआ। उसने कहा मैं विवाह नहीं करूँगी। प्रभु-भक्ति करूँगी। तभी बाराती रोते हुए पहुँचे और बताया कि आतिशबाजी से अकस्मात् घोड़ी भड़ककर भागी और वृक्ष से टकरा गयी जिससे वर की मृत्यु हो गयी। इस दुखद घटना से शोकाकुल हो तथा चरणदास जी की त्रिकालज्ञता से प्रभावित होकर सहजो के पिता हरिप्रसाद तथा माता अनूपीबाई अपने चारों पुत्रों एवं पुत्री सहित उनके शिष्य हो गये।

सहजोबाई का जन्म दूसर भार्गव कुल में संवत् 1782 वि. की श्रावण पंचमी, तदनुसार रविवार 15 जुलाई, सन् 1725 ई. को दिल्ली के परीक्षित पुरा नामक स्थान पर हुआ। इनका एक मात्र वाणी-ग्रन्थ 'सहजप्रकाश' उपलब्ध है। दयाबाई इनकी गुरु-बहन थीं। माघ शुक्ल 5 सं. 1862 वि. तदनुसार दिनांक 24 जनवरी, 1805 को सहजोबाई ने देह त्याग दी। धर्म-प्रचार हेतु इनके द्वारा स्थापित मुख्य गद्दी पर क्रमशः श्याम विलास, परमेश्वरीदास, मुकुंददास, जमुनादास, रामजीदास एवं गंगादास आसीन हुए। वर्तमान में महंत घनश्यामदास आसीन हैं। सहजोबाई को अट्ठारहवीं सदी की मीरां कहा जाता है। किन्तु मीरां की भाँति कृष्णभक्त होने का साम्य रखते हुए भी कुछ विशेष भिन्नताएँ भी उल्लेखनीय हैं। मीरां विवाहिता थीं, जबकि सहजोबाई ब्रह्मचारिणी थीं। मीरां सगुण से निर्गुण तक

पहुँची थीं, किन्तु सहजो सगुण को ही निर्गुण की प्राप्ति का आधार मानकर राधा-कृष्ण के युगल रूप की उपासिका थीं, गुरु चरणदास ने सहजोबाई को अष्टांग योग, नवधा भक्ति का ज्ञान दिया, तथा योगाभ्यास की विधि बताई; सहजोबाई ने पाँच वर्षों तक अखण्ड समाधि में रहकर साधना की। मीरां समाज को त्यागकर वैराग्य में लीन हो गईं, किन्तु सहजो समाज में रहकर समादृत हुईं। मुगल बादशाह शाहआलम द्वितीय ने 1100 स्वर्ण मुद्राएँ तथा वंथला नामक ग्राम जागीर में देकर सहजोबाई को समादर दिया। यह ग्राम तहसील गाजियाबाद में स्थित है। सन्त चरणदास के संवत् 1839 में स्वर्गारोहण के पश्चात् 23 वर्ष तक महाराज के उपदेशों का प्रचार करती रहीं, आठ शिष्य व दो शिष्याओं को तभी दीक्षित कर प्रचार में लगा दिया था। सहजप्रकाश में उनके नाम इस प्रकार मिलते हैं—1. श्याम विलास, 2. कर्तानन्द, 3. अगमदास निर्मोही, 4. गुरु निवास, 5. राम प्रसाद, 6. सन्त हजूरी, 7. हरनाम दास, 8. रघुनाथ स्नेही, 9. लक्ष्मीबाई, 10. सुमतिबाई।

सहजोबाई जी के उक्त शिष्य तथा अन्य प्रशिष्यों के थाम्भे (स्थानों) के उल्लेख भी मिलते हैं। उनमें कुछ का उल्लेख—1. श्री अगमदास की दिल्ली की गद्दी। इनके 'भक्तिसागर' की पांडुलिपि भी मिलती है। सिरकीवालान मुहल्ला में इन्होंने अपना स्थान बनाया था। कई शिष्यों के अतिरिक्त दो शिष्याएँ भी थीं—क. लाडोबाई, ख. कुंदनबाई। 2. कर्तानन्द जी की नरेला की गद्दी। 3. मलनीबाई जी का बादली का थाम्भा। इनकी दो शिष्याएँ भी थीं—क. गंगाबाई और ख. नलनीबाई। 4. श्री गुरुनिवास का मादीपुर में थाम्भा। यह भी वृहत्तर दिल्ली का ही स्थान था। 5. श्री रामप्रसाद जी का शाहजहाँपुर का थाम्भा। 6. लक्ष्मीबाई और सारों का थाम्भा। 7. वंथला का थाम्भा—गाजियाबाद जिला में स्थित था। 8. सन्त हजूरी जी का बुढ़ाना का थाम्भा। इन थाम्भों के महन्तों की अपनी शिष्य परम्पराएँ भी थीं। कुछ थाम्भे न बनाकर स्वतन्त्ररूप से घूम-फिर कर चरणदासी-सहजोबाई के विचारों का प्रचार किया करते थे। इस प्रकार हम देखते हैं कि सहजोबाई ने (चरणदासी) शुकदेव-परम्परा का पर्याप्त विकास किया।

सहजोबाई को कविता पारिवारिक विरासत के रूप में प्राप्त हुई। इनके पिता श्री हरप्रसाद स्वयं उच्च कोटि के कवि थे। सहजोबाई जी के चार भाई 1. राम कृष्ण जी, 2. गंगाविष्णु जी, 3. दासकुंवर जी, 4. हरिनारायण जी भी कवि थे। माता-पिता सहित सभी बहन-भाइयों ने सन्त चरणदास से दीक्षा ली थी।

सहजोबाई की वाणी में गुरु का बड़ा माहात्म्य बखान किया गया है। कबीर, रैदास, नानक आदि से भी आगे बढ़कर सहजो गुरु को परमात्मा से भी ऊँचा और

बड़ा मानती हैं। बल्कि उसे तो एक तरह से परमात्मा की आवश्यकता ही नहीं है। उसकी मौलिक सोच और तर्क पद्धति बड़ी सटीक और अकाट्य है। यहाँ पूरा पद देना उचित होगा :

राम तजूँ पै गुरु न बिसारूँ। गुरु को सम हरि को न निहारूँ।।
हरि ने जन्म दियो जग माहीं। गुरु ने आवागमन छुटाहीं।।
हरि ने पाँच चोर दिये साथा। गुरु ने लई छुड़ाय अनाथा।।
हरि ने कुटुम्ब जाल में गेरी। गुरु ने काटी ममता बेरी।।
हरि ने रोग भोग उरझायौ। गुरु जोगी कर सबै छुटायौ।।
हरि कर्म भर्म भरमायौ। गुरु ने आतम रूप लखायौ।।
हरि ने मोसूँ आप छिपायौ। गुरु दीपक दै ताहि दिखायौ।।
फिर हरि बाँध मुक्ति गति लाये। गुरु ने सब हि भर्म मिटाये।।
चरणदास पर तन मन वारूँ। गुरु न तजूँ हरि को तज डारूँ।

सहजो गुरु के सामने हरि को त्यागने को तैयार है। है न अद्भुत बात। भारतीय दर्शन में गुरु के महत्त्व की स्थापना तो त्रेता से अक्षुण्ण रही है, किन्तु ऐसी उत्कट गुरु भक्ति एवं तर्कना सहजो में अपूर्व है। उसकी तर्कशीलता अन्त तक आते-आते हरि की आवश्यकता को ही नगण्य सिद्ध कर देती है। किन्तु बड़ी प्रीतिकर शब्दावली में, बड़ी गूढ़ गरिमायुक्त भाषा में। जिसे सुनकर हरि भी मुग्ध हो जायें! यह सहजो के ही बस की बात है। क्योंकि सहजो ने हरि से और गुरु से और संसार से एक साथ प्रेम किया है। वह प्रेम में गहरी डूबी है। सहजो ने गुरु की गुरुता तो गायी है और साथ ही गुरुपन की चार कोटियाँ भी गिनाई हैं। गुरुपन के चार भिन्न प्रकार बताने में सहजोबाई पुनः बहुत सजग, तर्कशील एवं तथ्यान्वेषी रही हैं :

गुरु हैं चार प्रकार के, अपने अपने अंग।
गुरु पारस दीपक गुरु, मलयागिरि गुरु भृंग।।

लोहे के समान शिष्य को, पारस गुरु सोने के समान श्रेष्ठ बना देता है। किन्तु एक निकृष्ट धातु को उत्कृष्ट धातु में बदलने के सिवा वह और कुछ नहीं कर सकता। यह शिष्य की ही नहीं, गुरु की भी सीमा है। दूसरा गुरु शिष्य में, उसकी चेतना में प्रकाश भरकर उसे प्रदीप्त कर देता है। तीसरा मलयागिरि गुरु है। मलय पर्वत पर चन्दन के वृक्ष होते हैं। उनसे छनकर आयी वायु सुगन्ध फैला देती है। अतः मलयागिरि गुरु-शिष्य के भीतर सोयी उसकी आत्मगन्ध को उद्बुद्ध कर उस शिष्य को देश-काल को आत्मगन्ध से पूरित करने, महकाने की योग्यता देता है। और चौथा गुरु भृंग कीटवत अपने शिष्य को बाहर-भीतर अपने जैसा

बना लेता है। उसका सम्पूर्ण कायाकल्प कर अपना रूप-रंग दे देता है।

भृंगकीट को थोड़ा जान लें। यह कीट चीकनी मिट्टी को लाता है ढूँढ कर, कहीं से भी, कितनी भी दूरी से। एक-एक कण लाकर दीवार पर लगाता-जमाता रहता है। एक सुन्दर-सा गोल घर बनाता है। एक गोल छिद्र छोड़ देता है। फिर एक जीवित कीट को लाकर, उस छेद से उसे भीतर प्रवेश करा के छिद्र को ढँक देता है। तथा घण्टों-पहरों-दिनों उस गोल घर के चारों ओर उड़ान भरता हुआ गुंजार करता रहता है—भृंग-भृंग-भृंग...।

अपनी इस विशिष्ट ध्वनि के साथ अपनी ध्वनि-तरंगों के माध्यम से अपने रंग भी भीतर प्रक्षेपित करता रहता है। फिर छिद्र खोलकर भीतर बन्द किये कीट को निकालता है, जो भृंग कीट के रंग-रूप का बन चुका होता है। यह चौथा प्रकार है गुरु का। किन्तु सहजो यहाँ पर भी रुकती नहीं; इसके आगे कहती हैं :

चरणदास समरथ गुरु, सर्व अंग तिनमाहिं।
जैसे को तैसा मिले, रीता छोड़े नाहिं।।

सहजो कहती हैं—गुरु चरणदास इतने सामर्थ्यवान गुरु हैं कि उनके भीतर चारों प्रकार के गुरुओं का कौशल है। जैसा भी शिष्य मिल जाये उसे, उसी की योग्यता-सम्भावना से उत्तीर्ण कर देते हैं। किसी को खाली हाथ नहीं जाने देते। सहजो स्वयं यदि गुरु के प्रति ऐसी सजग-तीखी नजर रखती है, तो परमात्मा के प्रति भी न स्वयं अन्धविश्वासी हो सकती है, न दूसरों को अन्धविश्वासी बना सकती हैं। ऐसी सजग-सचेत सन्त हैं सहजोबाई।

सहजोबाई कहती हैं—गुरु के समर्थवान होने के उपरान्त भी यदि चेले में समर्पणभाव की कमी हो या योग्यता न हो तो गुरु भी उसका कुछ भला नहीं कर सकता :

सिख माटी सिख पाथरा, सिख लकड़ी सम जोय।
सहजो गुरु पारस मिले, कैसे कंचन होय।।

यदि शिष्य में माटी, पत्थर या लकड़ी के तुल्य समर्पण भाव हो, लौह जैसी पुख्ता धातुई भक्ति न हो तो पारस गुरु भी उसे अपनी शक्ति-स्पर्श से अध्यात्म-ज्ञान के गुण से स्वर्ण नहीं बना सकता। माटी, पत्थर या लकड़ी को स्पर्श द्वारा पारस, कंचन बनाने में कारगर सिद्ध नहीं होता।

सहजोबाई भक्ति-पद्धति सिखाती हुई कहती हैं :

ज्यों तिरिया पीहर बसे, सुरत रहे पिव माहिं।
ऐसे जन जग में रहें, गुरु को भूले नाहिं।।

अर्थात् विवाहिता नारी मायके में आकर जैसे पति का ध्यान नहीं भूलती, उसे क्षण-क्षण याद करती है, उसी प्रकार सांसारिक व्यक्ति को अपने सद्‌गुरु को, परमात्मा को स्मरण रखना चाहिए। जग में आकर उसे भूल नहीं जाना चाहिए। इतना ही नहीं सहजो को सांसारिक जीवन के कितने तिक्त-दुखद रूप का कैसा गहन अहसास है, वह कहती है—एक मौलिक रूपक के माध्यम से कि जैसे जलती-दहकती भट्‌ठी में, लोहे की संडसी कसे एक क्षण पानी में डाला जाता है और दूसरे क्षण भट्‌ठी में जलती आग में, किसी वस्तु को उठाने को डाला जाता है, ऐसी ही जलती हुई भट्‌ठी के समान यह दुनिया है और व्यक्ति संडसी के समान है। उसे एक क्षण दुख है तो एक क्षण सुख। अतः इस दुनिया रूपी भट्‌ठी से व्यक्ति को भाग जाना चाहिए। किनारा कर लेना चाहिए।

जैसे संसडी लोह की, छिन पानी छिन आग।
तैसे दुख सुख जगत के, सहजो तू तज भाग।।

इसके लिए उपाय भी बताती हैं सहजोबाई। वह उपवन-बाड़ी के रूपक के माध्यम से कहती है कि बसन्त ऋतु बार-बार नहीं मिलती। अर्थ मनुष्य जीवन बड़ा दुर्लभ है। अब यह जीवन मिला है, अवसर प्राप्त हुआ है, तो भक्ति के बीज हृदय-रूपी धरती में बोवो। सतसंगति-रूपी पानी से उसे खींचो। गुरु की शिक्षानुसार उसकी सेवा करो। हित-चित लगाकर उसकी रखवाली करो। खोट और कपट रूपी पक्षियों को भगाओ। मोह-प्यास को जला डालो। जब नौ रंगों में सँभल जाय यह बाड़ी तब रंग-रंग के प्रेम के फूल खिलेंगे। उन फूलों को गूँथकर माला बना लो और वह माला आदि पुरुष-परमात्मा को चढ़ा आना। इस प्रकार ऐ मनुष्य तेरे मन की सभी आशाएँ पूरी होंगी।

सहजोबाई क्योंकि निर्गुणपंथी, निराकार की उपासिका है, भले ही वह राधा-कृष्ण के युगल रूप को आधार बनाकर चली है, तथापि वह अपने दर्शन को, निर्गुणिया सन्तों की भाँति 'सुन्न समाधि' पर टिकाती है। उसका कहना है, इसी भाँति जीव सुखी हो सकता है :

ना सुख विद्या के पढ़े, ना सुख बाद बिबाद।
साध सुखी सहजो कहे, लागी सुन्न समाध।

अतः विद्या, ज्ञान और वाद-विवाद आदि में जीव को सुख नहीं है। उसे ध्यान, अन्तरमुखी साधना करते हुए शून्य में समाधि लगानी चाहिए, तभी वास्तविक सुख और शान्ति उसे प्राप्त हो सकती है। इससे उसके भीतर बिना बादलों के वर्षा की अनुभूति होगी तथा ऐसा अनुभव होगा :

रोम रोम सूं प्रेम उठि, भींज गई सब देह।

सन्त हेलवनकट्टे गिरियम्मा

कर्नाटक में यों तो ग्यारहवीं शताब्दी में वीर शैव मत पुनः अपनी रौ में आया, किन्तु विद्वानों का मत है कि महाभारत काल में शिवागमों में शैव मत के उल्लेख मिलते हैं। वीर शैव मत के साथ ही कर्नाटक में वैष्णव सम्प्रदाय भी विद्यमान रहा है। कर्नाटक में दोनों परम्पराएँ चलती रही हैं। अक्कमहादेवी वीर शैव मत की सन्त रही हैं तो हेलवनकट्टे गिरियम्मा हरिदास परम्परा (वैष्णव परम्परा) की मान्य सन्त थीं। इनका जन्म धारवाड़ जिले में 'राणेबेन्नूर' नाम के स्थान में हुआ। अनुमानतः माना जाता है कि सन् 1700 ई. के आसपास उनका जन्म हुआ। वह महान सन्त विजयदास की समकालीन सन्त हैं। गिरियम्मा का विवाह हरिहर जिले के निवासी कुलकर्णी तिप्परस से हुआ किन्तु बचपन से ही हरि के प्रेम में निमग्न रहने वाली गिरियम्मा कुलकर्णी जीवन को कैसे निभाती। पति से सांसारिक जीवन निर्वाह न कर पाने को, कहते हैं उसके पति ने भी स्वीकार कर लिया। मीरांबाई की भाँति गिरियम्मा भी हेलवनकट्टे नामक गाँव के मन्दिर में जाकर श्रीरंगनाथ जी की पूजा-अर्चना करती। इस कारण उसके नाम के साथ गाँव का नाम भी जुड़ गया। इष्ट को रिझाने के लिए भाँति-भाँति की रंगोलियाँ सजाती। उसने अपने इष्ट के कई मन्दिर भी बनवाये। प्रभु की भक्ति में विभोर होकर बड़े ही रसपूर्ण पदों की रचना की। उसकी दो काव्य-रचनाएँ उपलब्ध होती हैं–'चन्द्रहास' तथा 'कालियमर्दन'। दोनों ही गीतकाव्य हैं, जो कर्नाटक में बहुत प्रसिद्ध हैं। कर्नाटक के लोगों में गिरियम्मा के चमत्कार भी प्रसिद्ध हैं। कहते हैं उसकी भक्तिभावना से प्रसन्न होकर हरि बालक के रूप में प्रकट हुए और उसे दर्शन दिये। इससे गिरियम्मा को लोग यशोदा माता का अवतार मानते हैं। और एक बार वर्षा न होने से अकाल जैसी स्थिति उत्पन्न हो गयी। गिरियम्मा के भगवान से प्रार्थना करने से वर्षा हुई। लोगों का कष्ट मिटा। इस प्रकार गिरियम्मा कर्नाटक में विख्यात सन्त मानी जाती हैं।

सन्त दयाबाई

सन्त चरणदास की शिष्या सहजोबाई की गुरुबहन दयाबाई जी की जन्म तिथि भी निश्चित रूप में नहीं प्राप्त होती। यह सहजोबाई की सम्बन्धी भी मानी गयी हैं। और उनसे आयु में कुछ छोटी भी। अतः अनुमान के अनुसार, संवत् 1785 वि. के आसपास इनका जन्म माना जाता है। यह भी अपने गुरु चरणदास तथा गुरुबहन की भाँति दूसर भार्गव वंशीय हैं। उच्चकोटि की कविता करके इन्होंने भी बड़ी ख्याति अर्जित की। 'दयाबोध' नामक ग्रन्थ की रचयिता ब्रह्मचारिणी दयाबाई का जन्म डेहरा गाँव (मेवात-राजस्थान) में हुआ। इनकी जीवन लीला का अन्त संवत् 1830 वि. में हुआ स्वीकार किया गया है। इन्होंने 'दयाबोध' ग्रन्थ चैत्र सुदी 7, 'संवत् 1818 को समाप्त किया। दोहा और चौपाई छन्दों में गुरुमहिमा, सुमिरन, सूरातन, प्रेमभक्ति, वैराग, साधु, अजपा आदि अंगों की रचना की। उक्त सात अंगों में कुल 136 साखियों की रचना की। यह संख्या और उल्लेख दयाबाई के गुरु भाई जागेजीत ने अपने ग्रन्थ लीलासागर में किया है :

दयाबोध शुभ ग्रन्थ बनायो। सन्त महंतन के मन भायो।
दोहा चौपाई की रचना । अमृत मई मनोहर बचना।।

नागरी प्रचारिणी सभा ने 'दयाबोध' के अतिरिक्त एक अन्य ग्रन्थ 'विनय मालिका' को भी दयाबाई की रचना माना है। 'विनय मालिका' दयाबाई के स्फुट पदों का संग्रह है। इस ग्रन्थ में श्रीकृष्ण और राधा के लीला गान सम्बन्धी पद संकलित हैं। शृंगार-विरह का एक पद दृष्टव्य है :

श्याम रंग अरु नयन सलोने अलक रही बल खाई।
मोर मुकुट सिर अधिक बिराजे मुरली मधुर बजाई।।
मुक्ताहल नासा बिच राजे लाल अधर पर वारी।
दासी दया दरस की प्यासी किरपा करो बिहारी।।

यह भी माना जाता है कि दयाबाई अपनी साधना में इतनी सिद्धि प्राप्त कर चुकी थीं कि 'अजपा जाप' अपने उत्कट रूप में उन्हें सिद्ध था :

कर माला मुख की करी, ता से ना कछु काम।
लगी रहै इक रस सरस, निस दिन आठो याम।।

इनका कार्य एवं साधना क्षेत्र प्रमुख रूप में कानपुर, बिठूर, प्रयाग आदि रहा है। कानपुर के पास रमेल नामक स्थान पर इनकी समाधि बनी हुई है। इनके शिष्यों ने कई स्थानों पर मन्दिर, मठ और उपासना-स्थल निर्मित किये, जिनमें बिठूर तथा उसके निकटवर्ती इलाकों में बांके बिहारी जी का मन्दिर, धर्मशाला शाह जी, शम्भु जी का मन्दिर, मन्दिर शंकर भगवान आदि उल्लेखनीय हैं।

दयाबाई को, जैसा कि पहले भी उल्लेख किया गया है कि अपने गुरु पर अत्यधिक श्रद्धा थी। यह इतनी गहरी थी कि वह गुरु को ही भगवान मानती थीं। उनका यहाँ तक कथन है कि जो व्यक्ति गुरु को मानव मानता है, वह पशु है :

सद्गुरु ब्रह्मरूप है, मानुष भाव मत जान।
देह भाव माने दया, ते हैं पसू समान।।

दयाबाई, सहजोबाई से भी, गुरु के प्रति निष्ठा के कथन में, कुछ आगे बढ़ गयी हैं। गुरु के प्रति एकनिष्ठ और परमात्म भाव से साधनारत रहने के साथ ही दयाबाई साधक को, संसारी लोगों के व्यंग्य कथन और कलंक सहने को भी तैयार रहने को कहती हैं। उसे युद्धक्षेत्र में जूझ रहे शूरवीर की भाँति निःशंक और घायल होकर भी साधना क्षेत्र में अविचलित रहना चाहिए :

सूरा सनमुख समर में, घायल होत निसंक।
जो यों साधू संसार में, जग के सहे कलंक।।

दयाबाई ने साधक के लिए कठिन कसौटियों का बड़ा मार्मिक चित्रण किया है। इससे दयाबाई की भक्ति भावना की गहराई, सत्य अनुभव और प्रभु प्रेम की पीड़ा का पता भी चलता है :

काग उड़ावत थक्यो कर, नैन निहारत बाट।
प्रेम सिन्धु में पर्‌यो मन, ना निकसन को घाट।।
बौरी ह्वै चितवत् फिरूँ, हरि आवै केहि ओर।
छिन उट्ठूँ छिन छिन गिरूँ, राम दुखी मन मोर।।
कहूँ धरत पग परत कहुँ डगमगात सब देह।
दया मगन हरि रूप में, दिन दिन अधिक सनेह।।

अपने प्रियतम के विरह-सिन्धु में पड़ी हुई दया को बचने को कोई घाट नहीं दीखता, पागल हुई हरि की बाट जोहती है। धरती पर पाँव कहीं रखती है और वह पड़ता कहीं और है। किन्तु इस पर भी हरि की भक्ति में उसका स्नेह दिनोंदिन और गहरा, और दृढ़ होता जाता है।

जैसा कि पहले कहा गया है कि सन्त दयाबाई भी सहजोबाई की भाँति गुरु को बहुत महत्त्व देती हैं। जहाँ सहजोबाई गुरु के सामने हरि की आवश्यकता ही नहीं समझती, वहाँ दयाबाई गुरु के बिना ज्ञान, ध्यान ही नहीं अशुभ कर्मों के न कटने की बात कहती हैं। गुरु ही अशुभ कर्मों की काट करता है और चौरासी लाख योनियों से मुक्ति भी दिला सकता है। गुरु के बिना राम की भक्ति भी मन में जाग्रत नहीं होती। गुरु की शरण में जो कोई भी जाता है, गुरु दीन-दयाल हैं, वह मन के सारे संशयों को दूर कर देते हैं। वह तो कौए को हंस बना देते हैं। ऐसे दयालु और सामर्थ्यवान हैं गुरु, क्योंकि वह तो देवों के देव हैं। उसका भेद कोई नहीं जानता। वह तो करुणा के सागर हैं, कृपा के आगार हैं तथा साक्षात् ब्रह्म का ही रूप हैं :

गुरु बिन ज्ञान ध्यान नहिं होवै।
गुरु बिन चौरासी मन जोवै।।
गुरु बिन राम भक्ति नहिं जागे।
गुरु बिन असुभ कर्म नहिं त्यागै।।
गुरु ही दीन-दयाल गोसाईं।
गुरु सरनै जो कोई जाई।।
पलटैं करैं काग सूं हंसा।
मन को मेटत हैं सब संसा।।
गुरु हैं सब देवन के देवा।
गुरु को कोउ न जानत भेवा।।
करुना-सागर कृपा-निधाना।
गुरु हैं ब्रह्म रूप भगवाना।।

दयाबाई की गुरुबहन सहजोबाई कहती हैं :

राम तजूँ पै गुरु न बिसारूँ, गुरु के सम हरि को न निहारूँ।
हरि ने जन्म दियो जग माहीं, गुरु ने आवागवन छुटाहीं।।

अर्थात् मैं गुरु को कमी भी, किसी भी कीमत पर न छोड़ूँगी। यदि छोड़ना ही पड़ा, गुरु के स्थान पर तो हरि को छोड़ दूँगी, क्योंकि हरि ने तो जीव को आवागमन के चक्र में फँसा दिया है, जबकि गुरु इस चक्र से मुक्ति दिलाता है।

दयाबाई एक और पते की बात कहती हैं कि हरि का नाम ही इस जग में सत्य है। सार है। शेष सब तो निस्सार है। इसी नाम का जप करना श्रेयस्कर है। वैसे अन्य सब सन्तों ने भी नाम-स्मरण का, जप का माहात्म्य बताया है। गुरु नानक

नानक देव ने तो 'जपुजी साहब' का पृथक् से सृजन किया है, जिसका जप करने से सब प्रकार के कष्ट-क्लेश दूर होते हैं। सुख-शान्ति मिलती है। किन्तु दयाबाई का कथन कुछ विलक्षण है। वह कहती हैं कि हरि का नाम जपने से, नाम भजने से मनुष्य स्वयं ही हरि बन जाता है। हरि का रूप हो जाता है और इस सृष्टि का अपार-अनंत भेद भी पा लेता है :

'दयादास्स' हरि नाम लै या जग में ये सार।
हरि भजते हरि ही भये पायौ भेद अपार।।

यों सन्त दादू दयाल भी अपनी एक साखी में निर्गुण भक्ति का सार बताते हैं :

आपा मेटे हरि भजे तन मन तजे विकार।
निरवैरी सब जीव सूं दादू चहु मत सार।।

अपने अहंकार भाव को मिटाकर, हरि के नाम को भजने से तन-मन के सभी विकारों को दूर करके, छोड़कर, तथा सभी जीवों से मैत्रीभाव रखना—बस यही दादू पंथ का सारांश है। इसी से मुक्ति सम्भव है।

किन्तु हरि के नाम का जप करना इतना आसान नहीं है। क्योंकि माया बीच में आकर अपने सभी रूपों-गुणों से जीव को भ्रमित करने भटकाने में सफल होती है। उसके गुणों को—लोभ, मोह, काम, क्रोध, अहंकार से पार पाना कोई सरल काम नहीं, ये मनुष्य के वास्तविक शत्रु हैं। इनसे भिड़ना, सामना करना, इन्हें परास्त करना होता है। अपनी स्वयं की मृत्यु का भय भुलाकर इन सबल शत्रुओं से समर लड़ना—युद्ध करना होता है। घायल होकर भी, जग में सभी प्रकार के सामाजिक कलंकों को सहते हुए साधू को निःशंक होकर युद्ध करना पड़ता है। ऐसे भयंकर संग्राम को देखकर कायर लोग तो मैदान छोड़कर भाग जाते हैं या काँपने लगते हैं, किन्तु सच्चे सूरमा, अपने मैं-पने को, अहंकार को मारकर अपने उद्देश्य को—प्रभु-प्रेम को प्राप्त कर लेते हैं :

जो पग धरत तो दृढ़ धरत पग पाछे नहिं देत।
अहंकार कूं मार करि राम रूप जस लेत।।
आप मरन भय दूर करि मरत रिपु को जाय।
महा मोह दल दलन करि रहै सरूप समाय।।
सूरा सन्मुख समर में घायल होत निसंक।
यों साधू संसार में जग के सहै कलंक।।
कायर कंपै देख करि साधू को संग्राम।
सीस उतारै भुंई धरै जब पावै निज ठाम।।

एक ओर यह शूर-वीर का योद्धा भाव होना अनिवार्य बता रही हैं दयाबाई, तो दूसरी ओर भक्ति के मूल-आधार प्रेम भाव को अपरिहार्य मानती हैं। उनका कहना है कि प्रभु-प्रेम में डूबा भक्त अपने तन-मन की सुध-बुध खो कर उन्मत्त दशा में—पागलपन जैसी दशा में, नशे में मस्त हुआ रहता है। वह भक्ति के नियम-विधान आदि को भी भूला रहता है। ऐसी उन्मत्त दशा में भक्त की दशा का वर्णन नहीं किया जा सकता, क्योंकि वह कभी बावला होकर रोने लगता है, फिर रोते-रोते गाने लगता है, तो कभी गाते हुए हँसने लगता है। इस प्रकार की सारी अटपटी—उलटी-सुलटी बातें करता है। और अन्ततः कवयित्री कहती हैं, जहाँ प्रेम का यह भण्डार प्रकट होता है, वहीं परमात्मा प्रकट होता है और अपने भक्त पर कृपा करके वह अपने दर्शन देता है :

'दया' प्रेम उन्मत्त जे तन की तनिक सुधि नाहिं।
झुके रहैं हरि रस छके थके नेम ब्रत नाहिं।।
प्रेम मगन जे साध जन तिन गति कही न जात।
रोय रोय गावत हँसत 'दया' अटपटी बात।।
प्रेम-पुंज प्रगटै जहाँ तहाँ प्रगट हरि होय।
'दया' दया करि देत हैं श्री हरि दर्सन सोय।।

अतः दयाबाई की वाणी भक्तिभाव के गुण और मर्म को बड़ी सरल, सहज भाषा में, कोमलता, मधुरता तथा सरसता में व्यक्त करती हैं। उसकी भक्ति में समर्पण-भाव की अगाधता बड़ी मुग्धकारी है।

दयाबाई के दो ग्रन्थ, मिलते हैं। एक 'दयाबोध' और दूसरा 'बिनय मालिका'। 'दयाबोध' में गुरुमहिमा का अंग, सुमिरन का अंग, सूर का अंग, बैराग का अंग, साध और अजपा का अंग संकलित हैं, तो बिनय-मालिका में परमात्मा से बिनती के विविध भाव तथा रूप व्यक्त हुए हैं तथा प्रभु-कृपा के पात्रों के विविध उल्लेख हैं तथा भगवान के विविध अवतारों-प्रकरणों के उल्लेख हैं, जैसे कच्छप अवतार, रावण को मारने वाले अवधेश, कंश का बध करने वाले कृष्ण, हिरण्यकश्यप को मारने वाले नरसिंह आदि। इनके साथ ही द्रौपदी, सुदामा की सहायता करने वाले कृष्ण की दयालुता के सन्दर्भ हैं। भक्त नामदेव, कबीर, पीपा सदना, सेना इत्यादि के दृष्टान्तों का वर्णन है, जिन पर परमात्मा ने अपनी करुणा और दया की वर्षा की है। इनसे दयाबाई के व्यापक ज्ञान का पता चलता है। दया की एक साखी भी इस रुन्दर्भ में उल्लेखनीय है :

चार बेद छः सास्त्र हैं, अरु दस आठ पुरान।
सब ग्रंथन को सोधि कैं, कीन्हो बिनय बखान।।
बिनमाल जो कह सुनै, तन मन धन अनुराग।
चार पदारथ पावहीं, दयादास बड़ भाग।।

बिनय मालिका में दयाबाई ने चार वेद, छः उपनिषद्, और अट्ठारह पुराणों के अपने अध्ययन-ज्ञान का वर्णन किया है। तथा अब उसका कहना है कि जो व्यक्ति इस बिनयमाल को दूसरों को पढ़कर कह सुनाएगा तथा स्वयं भी तन-मन एवं धन से बड़े प्रेम-श्रद्धा सहित अपने जीवन में अपनाएगा, वह धर्म, अर्थ, काम और मोक्ष—इन चार काम्य पदार्थों को सहज ही प्राप्त कर लेगा। ऐसा व्यक्ति सचमुच बड़ा भाग्यवान होगा।

सन्त बहबलबाई

सन्त प्रवृत्ति के लिए दण्ड भोग कर भी अपनी सन्तई को निभाना कैसी गहरी निष्ठा का प्रमाण देता है। बहबलबाई ने अपने जीवन से इसे सिद्ध किया। इनके यहाँ एक नियम था कि प्रतिदिन किसी एक साधु को भोजन करवाने के पश्चात् ही भोजन ग्रहण करना है। इस नियम का पालन बहबलबाई कर रही थी, निर्बाध, तभी एक दिन क्या हुआ कि वहाँ के राजा के दरबार में एक साधु आया और उसने अपने उपदेश से राजा को अत्यधिक प्रभावित करके उसका दिल जीत लिया। राजा ने उसे सत्संग के लिए अपने महल में ही रख लिया। फिर कुछ दिनों बाद राजा के पुत्र के आभूषणों को देखकर साधु का मन कलुषित हो गया और उसने बालक राजकुमार की हत्या कर आभूषण लिये और वहाँ से भाग निकला। इस पर राजा ने उसे पकड़ने के लिये अपने सैनिकों को तो आदेश दिया ही, साथ ही यह आज्ञा भी दी कि उसके राज्य में जो कोई व्यक्ति साधुओं को भोजन खिलाएगा, उसे दण्ड दिया जायेगा।

बहबलबाई तो नित नियम से प्रतिदिन एक साधु को भोजन कराती थी, तब स्वयं भोजन पाती थी। अतः उसने नियमानुसार एक साधु को भोजन कराया। इसकी खबर राजा को मिली। उसने बहबलबाई के दोनों हाथ कटवा दिये। उसका घर भी लूट लिया गया तथा उसे राज्य से भी निकाल दिया। वह जंगल में नदी के किनारे रहने लगी। उसका एक गोद का बच्चा था। उसे पानी पिलाने को वह नदी-जल पर झुकी तो बच्चा उसके बिन-बाँहों की पकड़ से छूटकर पानी में जा गिरा। वह बेचारी विह्वल हो बिलखने रोने लगी। वहाँ कोई नहीं था जो उसकी चीख-पुकार और रोने को सुनता। अतः उसने भगवान से प्रार्थना की कि मेरे हाथ कटवा दिये गये, घर लुटवा दिया गया तथा नगर भी छुड़वा लिया। अब तो राम केवल तुम्हारी ही आस है बहबल को। आप ही रक्षा करो :

कर कटया घर लुटया, छुटया नगर वास।
बहबल बाई यूँ कहे, राम तुम्हारी आस।।

कहते हैं उसी समय उसके हाथ आ गये। उसने बच्चे को पकड़ा, राम का धन्यवाद किया कि बच्चा बच गया। फिर कुछ समय बाद राजा उस जंगल में शिकार खेलने आया। उसने उस महिला को देखा और पहचान लिया कि यह तो वही है जिसके उसने हाथ कटवाए थे। वह उसके निकट गया और उससे बच्चे के बचने की, हाथ आने की घटना को सुना। तब राजा उसे घर वापिस पहुँचाने को उसे साथ ले आया। उसने कहा कि आप तो प्रभु की सच्ची भक्त हैं। आप अपने घर पर रहकर जैसी चाहें सन्तों की सेवा करें। यहीं यह भी माना जा सकता है कि बहबल ने परमात्मा से बच्चे को बचाने की प्रार्थना की तथा स्वयं एक माँ होने के कारण साहस बटोर, जोखिम उठा स्वयं भगवान की प्रेरणा से नदी में उतर गयी होगी और बच्चे को बचाने में सफल हो गयी होगी। इस घटना को लोक-मानस अतिशयोक्ति के रूप में 'हाथ आ गये' के रूप में मानता, प्रचारित करता है। और राजा लोग बाद में अपनी निर्दयता-क्रूरता पर लज्जित हो गलतियों को सुधारा भी करते हैं। खैर!

इस सन्त नारी ने राजस्थानी भाषा में अनेक पदों की रचना की। लोक ने उसे प्रेम से ग्रहण किया—गाया। कुछ ग्रन्थों में भी बहबल के पद संग्रहित हुए मिलते हैं। इनका एक पद दादू धाम नारायणा के पुस्तकालय के वसना नं.1 (एक) की पुस्तक से जखड़ी राग गौड़ी में उपलब्ध हुआ, जो इस प्रकार है :

जिन तेरा पाणी तैं पिंड किया, चिंता कौन करंता वे।। टेक।।
जद तेरे चरण कर नैण नहीं थे। तब तेरे कौण कमंता वे।।1।।
कौण कमंता रिजक लहंता। सुन मेरे जीव पियारे।।2।।
अंधेर घोर नरक में रहता। तदि कौण थे सगे तुम्हारे।।3।।
अंधेर घरि नरक में दीया। बूझे बाप न माता।।4।।
'बहबल' कहै तिहिं क्यों नहिं सुमिरे। जो तेरी चिंत करंता।।5।।

स्पष्ट ही सन्त कवयित्री जीव का प्रबोधन कर रही है कि ऐ मनुष्य जिस प्रभु ने तुझे प्राण दिये, तुझे पाँव तथा आँखें दीं, जो तुम्हारे खाने के लिए अन्न कमाता है, तथा जो अन्धकार में प्रकाश करता है। उसे ही तू भुला रहा है। उसका स्मरण क्यों नहीं करता। वह तो हर क्षण तेरी चिन्ता में लगा रहता है। प्रभु के स्मरण का उपदेश दे रही है बहबलबाई।

सन्त कोकिलाबाई

(श्रीमती कोकिला बीबी जी सं. 1870 से 1950 वि.)

सन्त कोकिलाबाई जी, जिन्हें सम्प्रदाय में आदर सहित विवि या बीबी जी कहा जाता था, दिल्ली में स्वामी सिद्धराम जी की शिष्या थीं। वह दिल्ली के अतिरिक्त वृंदावन में भी विराजती थीं। इनके अन्य नाम हैं—बीबादास, बीबादासी और विविदासी जी। विवि का अर्थ है युगल जी। श्यामा-श्याम जी। प्रिया-प्रीतम की दासी। जैसे इन पंक्तियों से स्पष्ट है, जो श्री सरसमाधुरीशरण जी ने वंदना हेतु कहे हैं :

नमो नमो श्री बीबा दासी।
विवको शब्द जुगल सूचक है, राधा कृष्ण सोई सुखरासी।।

कोकिला बाई जी दिल्ली में बल्लीमारान नामक स्थान पर अपना स्वतन्त्र स्थान बनाकर विराजती थीं। इनकी साधना मुख्यतः सखीभाव की थी। उच्चकोटि की साधिका होने के कारण इनके कई शिष्य, शिष्याएँ थीं। वह सरस, भक्तिरसपूर्ण वाणी कहतीं। इनकी भाषा में कहीं पूर्वी हिन्दी की झलक मिलती है तो कहीं पंजाबीपन की छटा दिखती है। पूरबीपन की झलक देखें :

कोई मिलावै कन्हइया।
अस मन व्याकुल हरि बिना, वह मूरति सूरति मन अंटकी लटक रही भटकइया।।
दिन प्रति बीतत पल-पल गिन-गिन, कब दरसन देगो वो जिवइया।
विरह की हूक उठै तन सुध ना, प्रेम लहर को बुझइया।।
चित्त की पीड़ा चित ही जानै, कासों कहूँ को सुनइया।
बीबीदास सिद्धराम कहत हैं, अपनी ओर निबहिया।।

इनके पद अलग-अलग ग्रन्थों में संग्रहित हैं। लगभग 150 पद हैं। राग-रागनियों में निबद्ध हैं। लीलागान के रूप में भी पदों की रचना हुई है। छन्द सौष्ठव में

निष्णात न होते हुए भी सरसता श्रोताओं को बाँधती है :

मनावो कोई जाय मानिनी गई रूठ।
तुनक सुभाव गुमान भरी है मेरी कही माने सब झूठ।।
उन बिन रंग फीको लागै तन मन बंसी लै जा लूट।
राधा जू की पाँव पैजनी मेरे कुंडल रही जूट।।
हा हा खावौं विनती करौं प्रेम की मारी मेरे मूठ।
सिद्धराम बीबादास विकल मन प्रीति रस घरी गयी घूट।।

सगुण के साथ-साथ निर्गुण पद्धति की वाणी भी इन्होंने कही है :

हरी कृपा जब होई, नर माला फेरै कोई।
बीबादास कहै सन्त बसौ हिये दासी करौ हरि मोई।।

सन्त बारमुखी

दक्षिण भारत के एक नगर की रहने वाली एक बारमुखी (वेश्या) के घर के बाहर खुला-साफ स्थान देखकर साधुओं की मण्डली ने डेरा डाल दिया। उन्हें कुछ पता न था कि यह किसका घर है। वेश्या बाहर आयी तो सन्तों को डेरा डाले देखकर बहुत आनन्दित हुई। वह समाज में अपनी आलोचना और बदनामी से दुखी रहती थी। आज उसे अचानक एक अच्छा अवसर हाथ आया कि वह अपना सारा कलंक धो डाले। वह भागी-भागी भीतर गयी और मुहरों का थाल भरकर लायी और मण्डली के मुखिया को दण्डवत् प्रणाम करके उसके आगे धर दिया। साथ ही बड़े दीन स्वर में अपनी जाति, कर्म की बात कह दी और अपनी व्यथा भी कही। उसने प्रार्थना की कि यह धन स्वीकार करके उस पर कृपा करें। मण्डलेश्वर ने उससे कहा कि तुम श्रीरंगजी के लिए इस धन से एक सुन्दर स्वर्ण का मुकुट बनवाओ और हरि जी को भेंट करो। वह अवश्य प्रसन्न होकर तुम्हारा उद्धार करेंगे। वेश्या ने अपने मन की शंका उनके समक्ष रखी कि जिस धन को आप महात्मा लोग भी स्वीकार करने में संकोच कर रहे हैं, उसे भगवान तो बिल्कुल स्वीकार न करेंगे। सन्तों ने वेश्या को विश्वास दिलाया कि ऐसा नहीं होगा। भगवान बड़े दयालु हैं। वह सब पर दया करते हैं। तुम्हें भी निराश न करेंगे। हम लोग तब तक यहीं ठहरते हैं। तुम तब तक मुकुट बनवाकर लाओ।

वेश्या ने अपना बहुत-सा धन खर्च करके एक बहुमूल्य मुकुट बनवाया और उसे सजाकर ढोल-बाजे बजाती हुई लेकर मन्दिर की ओर चली। साथ में भक्त, सेवक सब गाते हुए चले जा रहे थे। मन्दिर के निकट पहुँची तभी उसे मासिक धर्म हो गया। वह अति लज्जित हो ग्लानि से गड़ी जा रही थी। स्वयं के भाग्य को धिक्कारती हुई पीछे हटकर खड़ी हो गयी। कहते हैं, तभी मन्दिर के पुजारियों को श्रीरंगजी का आदेश हुआ कि बारमुखी को आदर सहित भीतर ले आओ। पुजारियों ने बारमुखी को प्रभु के आदेशानुसार भगवान के पास पहुँचा दिया। अभी भी एक और व्यवधान शेष था। बारमुखी के हाथ भगवान के मस्तक तक पहुँच

नहीं रहे थे। तब चमत्कार हुआ। श्रीरंगजी ने स्वयं अपना मस्तक नीचा करके बारमुखी के हाथों से मुकुट धारण किया। बारमुखी अत्यन्त प्रसन्न हुई। उसका जीवन धन्य हुआ। सबने उसके प्रेम और भगवान की उस पर कृपा को देखकर हर्ष-ध्वनि की। तब से बारमुखी भगवान की परम भक्त और सन्त बन गयी।

सन्त नूपीबाई

नूपीबाई का सखीनाम 'नूपीसखी' था। वह भी अपने गुरु चरणदास को परमात्मा का अवतार मानती थी। बचपन में ही अपने माता-पिता के साथ चरणदास का शिष्यत्व ग्रहण कर नूपीबाई भी साधना में लीन हो गयीं। इनका परिवार भी दूसर (भार्गव) वंशीय था। गुरु की कृपा से वह राजयोग में दीक्षित होकर दिल्ली, जयपुर, वृंदावन आदि क्षेत्रों में प्रचार कार्य में रत हो गयी। स्वयं कुँवारी रहकर अपनी सारी ऊर्जा को धर्म और समाज के हित में लगाकर गुरु का आदेश पालन करने में जुटी रहीं। उसके दादा बामनौली में आश्रम बनाकर रहते थे, तथा पिता जयपुर में आत्मकुंज में। नूपीबाई इन स्थानों पर अधिक ठहरती नारी वर्ग में भक्ति का प्रसार करने में निमग्न रहती। अपने लिए कोई निजी स्थान या आश्रम न बनाकर वह प्रायः भ्रमण में रहतीं।

नूपीबाई का काव्य निर्गुण भक्ति को समर्पित था, किन्तु रसिक साधना का भी उसमें मणि-कांचन योग था। इनकी वाणी इस तथ्य का प्रमाण है। श्यामा और श्याम के हिंडोला झूलने का बड़ा ही मनोहारी चित्रण है, इस पद में :

झूलत जुगल बिहारी आज।
नख सिख सजि सिंगार सुहागन पधराये सिरताज।।
नान्हीं बूँदन मेहा बरसे मधुर घन गाज।
गावत गीत मल्हार मनोहर सज्यो रंगीलो साज।।
झोंटा लेत देत बलिहारी झुलवत श्री महाराज।
नूपीबाई निरखि यह सोभा छाक्यो सकल समाज।।

श्याम के अष्टयाम शृंगार की शोभा का वर्णन हो या श्याम-श्यामा की विभिन्न लीलाओं की झाँकी उकेरना हो, या फिर इनके स्वरूप का वर्णन करना हो, इनमें नूपी का मन खूब रमा है। गौर और श्याम—दोनों के सौन्दर्य की द्युति देखकर काम और रति भी लज्जित हो रहे हैं और इस पर चित्त चोर रसीले श्याम जब हँसकर हेरते हैं, तब तो त्रिलोकी के सौन्दर्य को लजाते हैं।

नूपीबाई की भाषा सरल, सरस और बड़ी सहज है, जो इनकी साखियों को भक्तों के लिए हृदय-ग्राह्य बना देती है। भाषा पर नूपी जी को बड़ा अधिकार है। अपनी गुरु बहनों—सहजोबाई और दयाबाई की भाँति नूपीबाई भी गहन-निष्ठ गुरुभक्त थीं, जो गुरु को परमात्मा का अवतार मानती हैं। परमात्मा ही गुरु के रूप में धरती पर जीवों का उद्धार करने को आया है। उसने सन्त का चोला पहना है। गुरु चरणदास पर सर्वस्व न्यौछावर करने को नूपी तत्पर है, क्योंकि गुरु ने जनम-जनम की आपदा-मरना-जन्मना से मुक्ति दिला दी है। नूपी ने जीवन की बाजी जीत ली है। उसका सारा जीवन-क्लेश कट गया है। सन्ताप मिट गया है :

जीव उधारन आइया, रूप सन्त का धार।
नूपी निश्चय जानिया, चरनदास अवतार।।
बलिहारी गुरुदेव की, सरबस डारूँ वार।
जनम जनम की आपदा, सब ही दीनी टार।।
जीती बाजी जनम की, सतगुरु के परताप।
नूपी निरभय हो रही, गया सकल सन्ताप।।

नूपी की कार्य-पद्धति भ्रमण कर भक्ति प्रचार की रही है, इस कारण लोक सम्पर्क और सीधे जन-जीवन सम्बद्धता के कारण नूपी के कुछ पद तो लोक-जीवन में विशेष पर्वों-त्यौहारों पर खूब गाये जाते हैं। इनमें श्याम-श्यामा का झूलना और चरणदास का बधाई का पद ऐसे ही लोकप्रिय गायन है :

सखी री गावो आज बधाई।
प्रगट भये चरणदास दया निधि सन्तन के सुखदाई।।
जै जैकार होत डहरे में भई सबकी मन-भाई।
नूपीबाई अपने गुरु पर सरबस दे बलि जाई।।

चरणदासी सम्प्रदाय के श्री सरस माधुरीशरण जी का मानना है कि नूपीबाई अब भी अपने सूक्ष्म रूप से सदा-सदा के लिए चरणदास के निकुंज में झाँझ बजा रही है।

सन्त द्वै हसीना, हमीदा

ये दोनों मुसलिम सन्त नारियाँ कृष्ण भक्ति को लेकर अपनी विशिष्ट पहचान बना पायीं। वस्तुतः ये दोनों अरब देश की हैं। इनमें हसीना अरब के एक धनिक व्यापारी की पुत्री थी और हमीदा उसके साथ रहने वाली उसकी अभिन्न सखी थी। खस जाति के सरदार धर्मपरायण वृत्ति के थे और प्रतिदिन अपनी पुत्री को 'अमिरल कैस' (धर्मग्रन्थ) पढ़कर सुनाया करते थे। इससे हसीना और हमीदा बचपन से ही ईश्वर प्रेम और भक्ति के रंग में रंग गई थीं।

एक बार कृष्ण भक्त भारतीय सन्त यात्रा करते हुए अरब में पहुँचे। हसीना के पिता उन्हें अपने घर ले गये और उन्हें आदरपूर्वक ठहराया। भारतीय सन्तों ने वहाँ अपना सत्संग किया, जिसका प्रभाव हसीना और हमीदा के हृदयों पर बहुत गहरे में उतर गया। सन्त तो वहाँ से प्रस्थान कर गये, किन्तु हसीना कृष्ण को अपना प्रिय मानकर हृदय में उनकी मूरत बसा चुकी थी। अब हसीना कृष्ण-विरह में धीरे-धीरे कृषकाय होती जा रही थी। पिता दुखी हुए। उन्होंने रोग का कारण पूछा तो उन्हें ज्ञात हुआ कि जब से हसीना ने कृष्ण की कथा सुनी है, तब से ही वह कृष्ण की स्मृतियों में विरहाग्नि के कारण सूखती जा रही है। हसीना ने पिता से कहा कि वह उसे भारत में वृन्दावन भेज दें अन्यथा वह जीवित न रहेगी। पिता ने भारत जाने वाले यात्रीदल के साथ हसीना को भाई अब्दुल्ला और उसकी सखी हमीदा के साथ वृन्दावन भेज दिया। किन्तु मार्ग में पूरे काफिले को डाकुओं ने घेर लिया, लूटा और कुछ यात्रियों को मार दिया। जब यह घटना घट रही थी, उस समय दैवयोग से ये दोनों सखियाँ घटना-स्थल से थोड़ा दूरी पर एकांत में कृष्ण-प्रिय की चर्चाओं में खोयी थीं। जब घटना घट चुकी, तब ये दोनों वहाँ पहुँचीं। सारा दृश्य देखकर दुःखी और चकित हुईं। हसीना का भाई और कुछ स्त्रियाँ सुरक्षित बचे थे। डाकुओं ने हसीना और हमीदा को पकड़ लिया। इन्हें बगदाद में बेचने के विचार से वे लोग हाजियों के वेश में बगदाद पहुँचे। हसीना

ने चतुराई से एक मालिन के हाथ पत्र लिखकर वहाँ के प्रशासक खलीफा के पास पहुँचा दिया। खलीफा ने डाकुओं को बन्दी बना लिया और इन दोनों सखियों को अपनी बेगम के पास सुरक्षित ठहरा दिया। बेगम ने इनकी बात सुनी और इनके अति आग्रह पर इन्हें वापिस इनके देश न भेजकर वृन्दावन पहुँचा दिया।

किन्तु वृन्दावन पहुँचने पर उन्हें यवन कन्या होने के कारण मन्दिर में प्रवेश करने और कृष्ण-दर्शन से वंचित कर दिया गया। तब वे निराश होकर यमुना नदी के तट पर श्रीकृष्ण का चिन्तन करने लगीं। कहते हैं, जब रात हो गयी तब उन्हें एक नौका आती हुई दिखायी पड़ी। निकट आने पर उस नौका से उतरकर एक सखी इन दोनों के निकट आयी। वृत्तान्त जानकर बोली कि इस नौका पर श्रीकृष्ण-राधा जी तथा उनकी सखियाँ बैठी हैं। श्रीकृष्ण भक्तों की पहले परीक्षा लेते हैं। फिर उन्हें दर्शन देकर कृतार्थ करते हैं। वह सखी हसीना, हमीदा को कृष्ण के पास ले गयी। वे दोनों कृष्ण के चरणों में समर्पित होकर धन्य हुईं। उनकी इच्छा पूर्ण हुई। लोक भावना में प्रसिद्ध है कि वे दोनों श्रीकृष्ण के नित्य-विहार में सदा के लिए सम्मिलित हो गयीं।

सन्त पार्वती

सन्त परम्परा में ऐसी सन्त भी हुई हैं, जिन्होंने अपने गुरु को भगवान से भी पहले तथा एक मात्र गुरु को ही अपनी मुक्ति के लिए प्रेम माना-कहा है, किन्तु सन्त पार्वती अपने गुरु की पहचान से ही अपनी पहचान सिद्ध करने वाली नारी सन्त हैं। पहले अपने गुरु के गुण बताती हैं फिर उससे अपनी पहचान जोड़ती हैं :

निसप्रेही निहस्वादी कामदग्धी दिने दिने,
तासु शिष्यां देवी पार्वती।

अर्थात् ऐसा गुरु जो निस्पृह है, जिसने कामवासना को तप की अग्नि में जलाकर राख कर दिया है, मैं—पार्वती ऐसे गुरु की शिष्या हूँ।

हस्तलिखित ग्रन्थ की प्रति के रूप में सन्त पार्वती के पदों का परिचय 'सेवादास की वाणी' नामक अनेक सन्तों की वाणियों के संग्रह में मिलता है। इससे रचना काल ही नहीं अन्य विवरणों का जन्म-स्थान-काल आदि का भी अभाव है। अन्तःसाक्ष्य से मात्र इतना ही पता चलता है कि वह किस साधु की शिष्या थीं, जो पहाड़ की कन्दरा में वास करता था। वह निर्धन था तथा कंथा पहने रहता हुआ संसार से विरक्त था। उसने कभी शिष्या के यहाँ भोजन किया था और सन्त पार्वती को उसकी सेवा का अवसर प्राप्त हुआ था :

रूक्ख बंस गिरि कन्दर बास।
निरधन कंथा रहै उदास।।
शिष्या भोजन सहज में किए।
ताकी सेवा पारवती करे।।

'मध्यकालीन हिन्दी कवयित्रियाँ' (डॉ. सावित्री सिन्हा) के अनुसार, इनके पदों में गुरु की सेवा द्वारा मुक्ति की प्राप्ति का माहात्म्य वर्णित है। गुरु के महत्त्व को ही प्रधान एवं मुक्तिकारी चित्रित कर इस सन्त ने अपनी आध्यात्मिक गहन-निष्ठा को विशिष्टता प्रदान की है। माया, ममता एवं सांसारिकता (भौतिक जीवन) में केन्द्रित चेतना के कारण ही जीव को आवागमन की पीड़ाओं से गुजरना पड़ता है।

यह एक उलटा-क्रम है। जीव इसी भँवर में फँसा हुआ जन्म-चक्र में घिरा रहता है :

उल्टे पवन गगन समाई।
ता कारणि सब मरि मरि जाई।।

योगमार्ग-साधना की कठोर सैद्धान्तिक पद्धति का मार्ग—नाद-बिन्दु से होकर गुजरने वाला, जिसमें प्रेम, राग आदि से विरक्त कठोर तप ही श्रेय होता है—पार्वती के पदों में इन्हीं का वर्णन है। लगता है गुरुदीक्षा में उन्हें इसी की संदेशना हुई थी :

धन यौवन की करे न आस।
चित्त न राखे कामिनी पास।।
नाद बिन्दु जा के घट जरै।
ता की सेवा पारवती करै।।

धन और कामिनी की ओर से विरक्ति अध्यात्म साधना को निर्बाध सिद्धि के लिए अवश्य होता है। योग मार्ग की पथिक सन्त पार्वती भी इसी मार्ग की उपदेशिका हैं।

सन्त फूलीबाई

फूलीबाई मारवाड़ के झाँवर ग्राम के सारण जाति के जाट की पुत्री थी। यह अपने नाना के पास ही रहती थी। इसके गुरु का नाम ज्ञानीजी था। वे सांजू के थे। ये नागौर के पास फूलीबाई को मिले थे। एक दिन यह अपने परिवार वालों के लिए खेत पर रोटी लेकर जा रही थी, रास्ते में ज्ञानीजी ने इससे रोटी माँगी। इन्होंने ज्ञानीजी को प्रेमपूर्वक रोटी खिलायी। ज्ञानीजी ने श्रद्धा एवं भक्ति देखकर इन्हें उपदेश दिया। इसके बाद ये ईश्वर भक्ति में लग गयीं। इनके नाना ने विवाह की बात चलाई। जब फूलीबाई को पता चला तो इन्होंने अपने नाना को मना कर दिया और कहा—मैंने इस संसार के मोह, माया, जीव-जगत को त्याग दिया है। अब मैं पूर्ण रूप से उस ईश्वर की हो गयी हूँ जो सभी सन्तों के आराध्य हैं। वही अब मेरे पति हैं। इन्होंने सारा जीवन विवाह नहीं किया। एक बार फूलीबाई से सत्संग किये हुए कुछ सन्त भ्रमण करते हुए काबुल चले गये थे, वहाँ जोधपुर के नरेश जशवंत सिंह भी किसी कार्य विशेष के लिए गये थे। उनका आना सुनकर सभी सन्त आपस में बात करने लगे कि फूली के देश का राजा आया है। राजा ने भी सभी सन्तों की बातें सुनीं तब राजा ने अनुमान लगाया कि फूलीबाई में कोई विशेषता है तभी तो इतनी दूर ऐसा कहा है। राजा ने इन साधुओं से पहले फूली का पता पूछा। देश में आने के बाद राजा सबसे पहले फूली के दर्शन करने के लिए माजवास ही गये। वहाँ के लोगों से फूली का पता लगाकर उसके पास गये। वह गोबर थाप रही थी। उससे पूछा आपका नाम क्या है? फूली ने कहा—

"जब लग श्वास शरीर में, तब लग नाम अनेक।
घट फूटा दरिया मिला, फूली पूरण एक।।"

राजा ने फूलीबाई का सतसंग सुना और फूलीबाई से अनुरोध किया कि आप राजमहिलाओं को दर्शन व उपदेश देने के लिए मेरे साथ जोधपुर पधारें। फूलीबाई ने कहा—पहले आप लोग मेरे यहाँ भोजन करो, उसके बाद मैं तुम्हारे साथ चलूँगी। राजा ने स्वीकार किया। राजा और उनके साथियों ने फूलीबाई के यहाँ भोजन

किया। जब राजा फूलीबाई के साथ जोधपुर महल में गये तो, महल में एकत्र महिलाएँ उनकी वेश-भूषा को देखकर मुख पर कपड़ा लगाकर हँसने लगीं। उन्होंने ऐसी नारी देखी ही नहीं थी। फूलीबाई का जाटनी का वेश था। उनकी वह चेष्टा समझ गयी और सर्वप्रथम बोली–'इस शरीर को गहनों से कितना भी सजा लो, यह वैसा का वैसा रहेगा। सजाना है तो मन को, आत्मा को सजाओ। जो भी इस अनमोल जीवन को पाकर राम-नाम का स्मरण नहीं करता, वह हर जन्म में कुत्ते-कुतियाँ के समान होता है।' फूलीबाई स्पष्ट वक्ता, परमात्मा की ज्ञानी भक्त सन्त हुई हैं। उनकी वाणी और सतसंग के सान्निध्य में रहकर अनेक लोगों ने अपना जीवन सफल बनाया।

सन्त ख़ुशालांबाई

सन्त चरनदासी सम्प्रदाय के सन्त अखैराम जी की शिष्या थी खुशालांबाई। वह अपनी अग्रज सन्त चरनदासी पंथ की सन्त सहजोबाई तथा दयाबाई की भाँति निष्ठावान भक्त थीं। इनकी दो रचनाएँ मानी जाती हैं—1. 'नरसी जी का भात' और, 2. 'बुध विलास'। इन्होंने 'बुध विलास' में सन्त चरनदास का तथा अलवर का उल्लेख किया है। इससे इन्हें अलवर की रहने वाली माना जाता है। दूसरी रचना 'भात' सम्बन्धी रचना नये विषय को बहुत कुशलता से निभाती है। इसमें नरसी मेहता की पुत्री को दिये गये भात को भावनापूर्ण ढंग से निभाया गया है :

अखैराम सतगुरु ने अति कृपा करी, बाई खुशालां सुन सुन के आनन्द भरी।
अखैराम गुरु कथा कही मन भावतो, बाई खुशालां के लगी अधिक सुहावतो।
संवत अठारह सै चौतीसा जानिये, माह सुदि दसमी कूं विहवै आंनिये।
शुक्रवार शुभवार कथा पूरी भई, अखैराम ने बाई खुशालां सूं कही।
ग्यानी पंडित साधक हूँ सिरनाव कै, जो कछु या में चूक सो देहू बताय कै।
जो कोई याकूं पढ़ सै कर नैह के बाई खुशालां तिन चरनन को खेह है।

उक्त उद्धरण से गुरु-सम्प्रदाय, गुरु, रचना काल, रचना विषय, और रचना के भक्तिमय महत्त्व आदि का अन्तःसाक्ष्य से प्रमाण भी मिलता है तथा सन्त खुशालां बाई की अपने गुरु और भक्ति में निष्ठा का भी पता चलता है।

सन्त जन बेगम

जन बेगम चरनदासी सम्प्रदाय से सम्बन्धित मानी जाती हैं। इनके गुरु छौना महाराज थे। उनके द्वारा बतायी गयी कथा अनुसार, जन बेगम ने 'सुदामा चरित्र' नामक काव्य का सृजन किया। रचनाकाल संवत् 1835 अन्तःसाक्ष्य से प्रमाणित होता है :

गुरु छौना गुरुदेव की कथा नीकी कही, मेरे मन का मूल सकल तुमने कही।
गुरु छौना महाराज तुम्हें परनाम है, मौकूं कथा सुनाई अति अभिराम है।
श्री सुदामा चरित्र की कथा पूरी भई, जन बेगम की प्रीत रही नित ही नई।
संवत् अट्ठारह सै पैतीसा सारही।
पोस बदि चतुरदासी ब्रिहस्पतिवार ही।
बीदौली शुभ थांन, कथा यह गाइया।
गुरु छौना सनगुरु ने सकल सुनाइया।

चरनदासी सम्प्रदाय में कृष्ण भक्ति के निर्गुण-सगुण दोनों रूपों को माना जाता है। जन बेगम ने गुरु छौना जी द्वारा सुनाई कृष्ण-सुदामा के आधार पर 'सुदामा चरित्र' की रचना कर चनरदासी सम्प्रदाय द्वारा स्वीकृत भक्ति-पद्धति के विस्तार में अपना योगदान दिया है।

सन्त करमाबाई

करमाबाई वात्सल्य रस से पूर्ण हृदय वाली भक्त थीं। वह जगन्नाथपुरी में प्रतिदिन बिना किसी नियम के भगवान को खिचड़ी का भोग लगाया करती थीं। भगवान भी करमाबाई की भक्ति से इतने प्रसन्न थे कि बालक का रूप धारण करके प्रातःकाल ही उसके घर जाकर खिचड़ी का भोजन कर आते थे। जगन्नाथजी को एक से बढ़कर भोग लगाये जाते, लेकिन भगवान को उन सबसे अधिक करमाबाई की खिचड़ी ही अच्छी लगती थी। करमाबाई प्रतिदिन बिना नहाये और बिना चौका लगाये भगवान के लिए खिचड़ी बनाती थी। एक दिन एक सन्त करमाबाई के घर आये हुए थे। उन्होंने करमाबाई को देखा कि वह बिना नहाये और चौका लगाये बिना ही खिचड़ी बनाकर भगवान को भोग लगा रही है। उन्होंने करमाबाई को कहा—बिना विधि भोजन बनाना और भोग लगाना अपराध है। सन्त ने साम्प्रदायिक आचार का उपदेश दिया। यह सुनकर करमा डर गयी और सन्त के कथानुसार करने से बहुत समय लग गया। बाई ने भोग लगाया और इधर मन्दिर के पट खोले तो भगवान के हाथों में और मुख पर खिचड़ी लगी हुई देखी। देर हो जाने से भगवान बिना हाथ-मुख धोये ही जल्दी से चले आये। पंडों ने प्रार्थना की कि आप कहाँ जाकर खिचड़ी जीमते हैं। भगवान ने कहा, एक करमाबाई है, वह प्रतिदिन ही मुझे खिचड़ी जिमाती है। उसकी प्रीति से मैं उसके यहाँ प्रतिदिन खिचड़ी खाने जाता हूँ, और खिचड़ी जीमकर आ जाता हूँ। किन्तु उसके यहाँ कल एक साधु गये थे उसने उसे आचार एवं नियमों के जाल में फँसा दिया। इससे आज खिचड़ी बनाने में देर हो गयी। वे साधु प्रेम की रीति को नहीं जानते। मुझे आचार प्रिय न होकर प्रेम ही प्रिय है। तुम उस साधु को जाकर कहो कि वह करमाबाई को बोल आये कि जिस तरह से करमाबाई खिचड़ी बनाती है वैसे ही बनाये। इसके लिए किसी नियम, आचार की जरूरत नहीं है। वह साधु-पंडों को देखकर डर गया और शीघ्र ही करमाबाई को कह आया। तब वह पुनः उसी प्रकार प्रभु को जिमाने लगी। अब तक भी जगन्नाथपुरी में जगन्नाथ के सर्वप्रथम खिचड़ी का भोग लगता है। करमाबाई वात्सल्य भक्ति करने वाली सन्त हुई हैं।

सन्त सखूबाई

सखूबाई महाराष्ट्र में कृष्णा नदी के तट पर करहाड़ नामक गाँव के एक ब्राह्मण के पुत्र की पत्नी थीं। सखूबाई भगवान की भक्त, विनम्र, सुशील और सरल हृदय की थीं। लेकिन उसके सास-ससुर और पति तीनों ही दुष्ट प्रवृत्ति के थे। ये तीनों सखूबाई को तरह-तरह से सताया करते थे। किन्तु सखू सब कुछ सहन किया करती थी। पण्ढरपुर में आषाढ़ शुक्ला एकादशी का मेला था। कुछ लोग करहाड़ के पास के मार्ग से पण्ढरपुर जा रहे थे तो सखु को भी पण्ढरीनाथ के दर्शन करने की इच्छा हो गयी। उसने सोचा मेरे घरवाले तो मुझे जाने नहीं देंगे। अतः यहाँ के यात्रियों के साथ जाना अच्छा है। वह सभी यात्रियों के साथ चल पड़ी। उसकी एक पड़ोसन, जो सखूबाई से जलती थी, उसने तुरन्त घर पहुँचकर उसकी सास को बता दिया। सास ने क्रोधित होकर अपने पुत्र को कहा कि वह जहाँ कहीं भी हो उसे मारते-पीटते घर पर ले आये। उसने वैसा ही किया। फिर उन्होंने सखूबाई के हाथ-पैर बाँधकर एक कमरे में बन्द कर दिया और बाहर से ताला लगा दिया। सखूबाई बन्द कमरे में भगवान से लगातार प्रार्थना करने लगी—'हे नाथ! मेरी तो यह इच्छा थी कि मैं एक बार अपनी आँखों आपके चरणों का दर्शन कर लेती तो मेरे सुखपूर्वक प्राण निकलते। मेरे तो सब कुछ आप ही हैं। मैं जैसी भी हूँ, आपकी भक्त हूँ। उसकी प्रार्थना भगवान ने सुन ली। वे एक सुन्दर स्त्री का वेश धारण करके कमरे के अन्दर आये और बोले—मैं पण्ढरपुर जा रही हूँ बहन तुम भी चलो। सखूबाई ने कहा—मैं जाना तो चाहती हूँ बाई, लेकिन मेरे भाग्य में पण्ढरपुर की यात्रा कहाँ है। स्त्री वेषधारी भगवान ने कहा—मैं तेरे बदले यहाँ बँध जाती हूँ। यह कहकर उसने तुरन्त सखूबाई के बन्धन खोले और भगवान स्वयं बँध गये। उन्होंने सखूबाई को उसी पल पण्ढरपुर पहुँचा दिया। सखूबाई 15 दिन से कमरे के भीतर हाथ-पैर बँधे हुए पड़ी थी, इसकी चिन्ता किसी को भी नहीं थी। सखू के पति ने सोचा अगर ये मर गयी तो लोग हम पर हँसेंगे। लोक-लाज के भय से उसने भगवान के रूप में बँधी हुई सखूबाई को बाहर निकाला और उसे रूखा-सूखा खाना

दिया। भगवान वहाँ से चले जाते तो बेचारी सखू पर फिर से विपत्ति आती, इसलिए भगवान वहीं पर ठहर गये। भगवान ने स्नान किया, भोजन बनाया और तीनों को खिलाया। अपने व्यवहार से सबको अनुकूल बना लिया। सखूबाई पण्ढरपुर में भगवान के दर्शन करके आनन्द से निमग्न हो गयी। वह यह भूल गयी कि घर पर मेरी जगह दूसरी स्त्री बँधी हुई है। उसने प्रतिज्ञा की कि जीवन भर पण्ढरपुर की सीमा से बाहर नहीं जाऊँगी। कुछ समय बाद उसने पण्ढरपुर में अपना शरीर छोड़ दिया। वहाँ पर एक ब्राह्मण ने उसे पहचान लिया और अपने साथियों के साथ मिलकर उसकी अन्तयेष्टि क्रिया की। लक्ष्मी जी ने यह सोचकर कि इसके गये बिना भगवान इसका घर नहीं छोड़ेंगे, सखू को जीवित करके कहा—तेरी प्रतिज्ञा थी कि इस शरीर से घर नहीं जाऊँगी। अब तेरा शरीर दूसरा है। अतः इन यात्रियों के साथ घर जा। सखूबाई यात्रियों के साथ दो दिन में अपने गाँव पहुँच गयी। भगवान ने देखा कि सखू घर आ रही है तो भगवान जल का घड़ा लेकर सखू से नदी पर जा मिले। उससे दो-चार बातें करके, घड़ा उसे देकर भगवान अदृश्य हो गये। सखू घर आकर अपने काम में लग गयी। घर वालों का स्वभाव देखकर सखू को आश्चर्य हुआ। ब्राह्मण सखू की मृत्यु का समाचार सुनाने आया, सखू को वहाँ देखकर ब्राह्मण आश्चर्य में पड़ गया। उसने सखू के सास-ससुर को सब बातें कहीं। उन्होंने कहा यह पण्ढरपुर गयी ही नहीं थी। यह तो हमारे ही पास थी। उन्होंने सखू से पूछा तो उसने सभी बातें बता दीं। तब सभी ने पश्चात्ताप करते हुए कहाँ—यहाँ पर बँधने वाली स्त्री भगवान ही थे। हमने इतने दिन तक भगवान को बाँधकर रखा। उन्हें तरह-तरह के कष्ट दिये। उसके बाद सभी भगवान के भजन में लग गये और सखू का उपकार मानने लगे। सखूबाई परम सहनशील सन्त हुई हैं।

सन्त बयाबाई

महाराष्ट्र की सन्त कवयित्रियों में बयाबाई का नाम बड़े आदर और प्रमुखता से लिया जाता है। वह समर्थ रामदास की शिष्या थीं। वह स्वयं स्वीकार करती हैं :

रामदास गुरु उन की दासी।
दास वचन फिरे देस विदेसी।

रामदास गुरु की शिष्या होने के कारण वह (बयाबाई) उनके वचनों-उपदेशों को देश-विदेश में घूम-घूम कर प्रचारित करती रहती थी।

बयाबाई चौबीस बरस तक सामान्य सामाजिक जीवन में रहीं। फिर गुरु रामदास की शरण में आकर उनकी अनन्य शिष्या बन गयीं। इससे पूर्व भी उसने अनेक लोगों को भिन्न-भिन्न प्रकार से, उनकी परेशानियों में सहायता की। किन्तु जब गुरु की शरण में आयी और अनन्य भक्ति को मनसा, वाचा, कर्मणा व्यक्त किया तो उसे देखकर सांसारिक भावों में बँधी दृष्टि के लोगों ने व्यंगात्मक कथन किये। किन्तु बयाबाई तनिक भी विचलित नहीं हुई और रामदास जी के लिए 'भैया' (भाई) का सम्बोधन भी अपनी वाणी में किया :

दास बया कहे गुरु भैया ने।
मुझ कूं सुलाया सोहि झूलने।

वह कहती है कि गुरु का मैं कितना उपकार मानूँ उसने तो भाई की तरह मुझे इतना स्नेह दिया कि वह हृदय के हिंडोले पर भाव-विभोर होकर झूला झूल सकी। बया कहती है अन्तर्मुखी भक्ति से ही परम सुख मिल सकता है। इससे जन्म मरण के दुख से छुटकारा भी प्राप्त हो सकता है :

जायो (जाओ) सखी री जहाँ गुरु बैठा
जिस के दिल में ये ही जग बैठा।
बाग रंगेला मेहेल बना है।
इस झूलने पर झूलो रे भाई।
जनम मरन की भूल न आई।

बयाबाई का प्रसिद्ध कथन है कि बौद्धिक चतुराई, विद्वत्ता का गर्व साथ नहीं देता। बच्चे, परिवार, पत्नी, महल आदि भी काम नहीं आते। भव-सागर में, विपत्तियों में केवल गुरु ही काम आता है :

लिखा पढ़ा कछु संग नहि आवे,
अंत काल में सबही जाये।
जोरू लाड़के महल मजालस,
यहाँ रहती फेरे आपत्ति जाना।
दिल का मेहर मिल गया दिल को,
तारनहारा गुरु है सब को
दास बया कहे कछु नहिं देखा,
जब देखा तब उलटा नयन।

सहजोबाई और दयाबाई आदि की भाँति बयाबाई भी गुरु को अत्यधिक महत्त्व देती हैं। गुरु-कृपा को ही सर्वस्व मानती हुई कहती हैं :

ध्याइये गुरु पग अघमोचन। सुखदायक भवाब्धितम।।
चिद्र गगन में आसन खूला। जापर सद्गुरु राज रमीला।।
सूर्य चंद्र वो दिवटि जलत है,
जब देखा तब डूब गयी तन।
जा की सत्ता जगमों भरि है जां देखो तहाँ ढाड रही है,
सो सद्गुरु किरिपा सो मिलती, सब छाँड के पग जा सरन।

बयाबाई ने मराठी और हिन्दी में वाणी कही है। अल्प मात्रा में वाणी तो उपलब्ध हुइ है, जीवन सम्बन्धी अधिक जानकारी प्राप्त नहीं होती। हाँ, यह भी पता चलता है, उनकी वाणी और भाषा-प्रभावों से कि बयाबाई ने उत्तर भारत की यात्रा भी अवश्य की होगी।

सन्त सागरबाई

सागर बाई का जन्म विक्रमी संवत् की उन्नीसवीं शताब्दी के अन्त में माना जाता है। वह राजस्थान में चित्तौड़ प्रतापगढ़ के निकट संचोई ग्राम के निवासी सरदार सिंह की पुत्री थीं। जयपुर राज्य में रीगंस के निकट कुम्हारिया गाँव में इनकी ससुराल थी। इनके हाथ में दो अँगूठे थे। ज्योतिषियों ने इसे अशुभ माना और सुझाव दिया कि एक अँगूठा कटवा दो तभी यह दोष दूर होगा, अन्यथा यह कन्या संसार से विरक्त हो जायेगी और भजन आदि में इसका मन लगेगा। सागर बाई तब तक कुछ होश सँभाल चुकी थी। उसने अँगूठा कटवाने से मना कर दिया और कहा कि भजन करना कोई बुरा काम नहीं। मैं तो भजन ही करूँगी। बचपन की छोटी आयु में ही उसका विवाह कर दिया गया। दुर्भाग्यवश एक वर्ष में ही उसके पति की मृत्यु हो गयी और वह बाल विधवा बन गयी। इस पर वह शोक में डूबकर रोयी भी नहीं। वह 'श्रीकृष्ण शरणंम्' का जाप करती रहती।

उसकी इस मनोदशा को देखकर ससुराल वालों ने औरा (एक प्रकार का कोठरा) में बन्द कर बाहर से ताला लगा दिया। इसी प्रकार बन्दी अवस्था में दस-पन्द्रह दिन व्यतीत हो गये। वह अकेली पड़ी भगवान के नाम का निरन्तर जाप करती रही। कहते हैं तभी भगवान श्रीकृष्ण ने बाल रूप में दर्शन दिये और कहा कि मैं तेरा लाल हूँ। तू किसी भी प्रकार की चिन्ता नहीं करना। इधर घर वालों को भी कुछ सूझा कि देखें वह किस दशा में है। उन्होंने द्वार खोलकर देखा तो उसे ज्यों का त्यों होश में पाया। तब ससुराल वालों ने उसे मुक्त कर दिया।

सागर बाई ने तब ससुराल का घर छोड़ दिया और नाथद्वारा चली गयी। वहाँ रहकर वह भगवान का भजन करती और भगवान की भक्ति में ही डूबी रहती। फिर वहां से वह वृन्दावन चली गयी। वहाँ भी भजन-कीर्तन की वही भक्तिमय दिनचर्या रहती। वह स्वयं भी नये-नये पद रचती और गाती। लोगों को ये पद गाने में बड़ा रस मिलता। सागर बाई के एक सौ पचास पदों के बारे में लोग बताते हैं। एक पद यहाँ उद्धृत किया जाता है। इसमें वह अपनी वेदना और स्थिति का ही

चित्र उकेरती है :

कोई भी नहीं रे मेरो कोई भी नहीं, सांवरा बिन तो मेरो कोई भी नहीं ॥ टेक॥
बाप जी साहा डोंना काढ तो दई, बावनी ऊजाड़ माँही एकली रही ॥ 1 ॥
मानसिंह लालो म्हासे दूर तो रह्यो, अंधारी ओबरी में म्हाने रोक तो दई॥ 2 ॥
'सागर' कहै वे लाल आये तो सही, अंधारी ओबरी में म्हारी सुध तो लई ॥ 3 ॥

बाल विधवा अकेली युवती इस मानवी उजाड़ में या अँधियारी ओबरी में कैसे जीवन के अँधियारों को काटती भटकती रही! उसे केवल बालरूप में भगवान कृष्ण के दर्शन और भरोसे का ही सहारा था। वह इतने में ही खुश है कि चलो अँधियारी ओबरी में मेरी सुध तो ली भगवान ने!

सन्त सोंसुबाई

गोवा की प्रख्यात एवं लोक सिद्ध सन्त कवयित्री का मूल नाम रुक्मिणीबाई था। इनकी रचना 'अभंग कुसुमावली' का प्रकाशन बहुत बाद में सन् 1929 में संगमोदय प्रिंटिंग प्रेस, सांगे, गोवा में हुआ। ये उल्लेख कै. केंकरे के ग्रन्थ में उपलब्ध हैं, जो अब अप्राप्तनीय है। सोंसुबाई का मूलनाम 'रुक्मिणीबाई केंकरे' कहा गया है जिसने 'अभंग कुसुमावली' का सृजन किया। इस ग्रन्थ में कवयित्री ने अपने घराने के बारे में अधिक नहीं लिखा है। जानकारों के अनुसार, उनका जन्म कुलकर्णी गौड़ सारस्वत कौशिक गोत्र के ब्राह्मण परिवार में हुआ जो सावर्डे नामक गाँव में रहता था। परिवार बड़ा था। सोंसुबाई का विवाह तत्कालीन परिपाटी के अनुसार छोटी आयु में ही कर दिया गया। उसके पति का नाम यशवंत केंकरे था, जो विवाह के थोड़े समय बाद ही मृत्यु को प्राप्त हुआ। ससुराल का परिवार 'कुंककली' नामक स्थान पर रहता था। विधवा हो जाने पर रीति के अनुसार परिवार वालों ने उसका 'केशवपण' कर दिया। अतः उसके बाद का जीवन सोंसुबाई को देव स्थान पर पूजा-भजन आदि में व्यतीत करना पड़ा। इसी अवधि में उसने अपना सारा समय सन्त-साहित्य के अध्ययन और अभंग लेखन में लगाया। उसे इस दिशा में श्रीधर सावर्डेकर से भरपूर सहयोग एवं प्रेरणा मिली। अपने दुख और कष्टों का उल्लेख करते हुए अपने अभंगों में कवयित्री लिखती है कि उसके पिता विट्ठल अति सरल स्वभाव के थे। जो कभी भी किसी की बुराई में नहीं लगते थे। वह बड़े शान्त पुरुष थे। जगते, सोते प्रभु नाम के स्मरण में लगे रहते। इन्हीं अभंगों से ज्ञात होता है कि सोंसुबाई का मैका परिवार सम्पन्न एवं सुखी था। इस परिवार ने ही उसे अपने आध्यात्मिक संस्कार प्रदान किये थे।

सोंसुबाई ने अपने दुख को तो अभंगों में व्यक्त किया ही है, साथ ही वह अपने इन दुखपूर्ण जीवन को व्यतीत करने के लिए सन्तों के विचारों और उनकी वाणी का बड़ा आभार भी मानती है।

सोंसुबाई अपने एक अभंग में लिखती हैं कि सन्तों ने मुझे अपनी पुत्री—बालिका

समझा, पालन किया। मुझे वैचारिक रूप में पोषित किया, सँभाला। इन सन्तों ने ही मुझे सांसारिक प्रपंचों से सदा बचाये रखा। मेरे मन को विरक्ति की राह पर डाला। मेरा उपकार किया : मराठी भाषा में वह लिखती हैं :

मी संताचे, संताचे। होवा माझे बोल साचे॥
सन्त दर्शनासी गेर्ल। तेथें मन हे निवाले॥
धन्यपण सोंसू झाले। पाय सन्ताचे देखिले॥

सन्तों की प्रेरणा एवं कृपा के कारण ही सोंसूबाई निन्दा-स्तुति से परे रही तथा उसका मन पाँच विषय-विकारों से बचा रहा :

नको येऊ माझे मुखी परनिंदा,
नको रंगोचित्र पंचविसयात,
नको तैसी देऊ मज दुष्ट बुद्धी

अन्य सन्तों—सन्त कवयित्रियों की भाँति अपने गुरु—टाकी महाराज के प्रति वह बड़े गहन भाव से समर्पित रहीं। सोंसुबाई ने भी अपने गुरु को गोबिन्द से अधिक महत्त्व दिया है। और उनका गुणगान किया है। माना जाता है कि रामचन्द्र महाराज टाकी कुसमण के बड़े सिद्ध पुरुष थे। सोंसूबाई उन्हें भगवान की भाँति पूजती थी। उन्होंने एक बार स्वप्न में दर्शन भी दिये थे, तभी से सोंसूबाई ने काव्य रचना आरम्भ कर दिया। ऐसी गहरी निष्ठा और श्रद्धाभाव वाली सन्त नारी, जिसने अपने दुःखों में से परमात्मा की राह प्राप्त की, समूचे नारी-समाज के लिए बड़ी प्रेरणा का आधार बन सकती है।

सन्त कवयित्री माँ पीरो

माँ पीरो का जन्म मुस्लिम मीरासी परिवार में हुआ। सन् 1800 ई. के आसपास गुजरांवाला (बाद में पाकिस्तान) में एक निःसन्तान माता-पिता के यहाँ पीरों-फकीरों के आशीर्वाद से जन्म हुआ, किन्तु दुर्योग ऐसा कि जन्म देते ही माँ का देहान्त हो गया। अब उसके पालन-पोषण का भार पिता पर आ गया। पिता अपने पैतृक व्यवसाय गाने-बजाने के साथ घर की तथा पीरो की देखभाल भी करते। किन्तु शिशु पीरो का दुर्भाग्य यहीं नहीं रुका। वह चार वर्ष की थी, तब पिता की भी मृत्यु हो गयी। पिता जिस मुस्लिम फकीर के डेरे से जुड़े हुए थे। गायन-वादन के सिलसिले से, अब उन्होंने बच्ची पर दया कर उसे अपने यहाँ ले जाना ही उपयुक्त समझा। यहाँ रहकर बालिका पीरो को मजहबी तथा सूफियाना तालीम दी जाने लगी। पुश्तैनी संस्कारों के कारण पीरो भी अति मधुर स्वर में गाती। उसकी बुद्धि भी तीक्ष्ण थी। नौ-दस वर्ष की ही हुई थी कि आश्रयदाता फकीर भी दुनिया को अलविदा कह गये। अब विवश और निर्धन चाचा उसे अपने यहाँ ले आये और उसे अपने पैतृक व्यवसाय गाने, मुजरा करने के अपने काम में लगा लिया। यही उनकी रोज़ी-रोटी का ज़रिया था।

एक दिन पीरो अपने चाचा के साथ लाहौर शहर के बाज़ार में मुजरा कर रही थी। उसकी मधुर और आकर्षक स्वर लहरी उसी बाज़ार के एक कोठे की मालकिन के कानों में पड़ी तो वह अपनी स्वाभाविक व्यवसायी ज्ञान के अनुसार पीरो के चाचा को बहला-फुसलाकर पीरो का मोल चुका उससे खरीद लिया। पीरो अब उस कोठे वाली की सम्पत्ति हो चुकी थी। उसे इस बात का कुछ ज्ञान नहीं था। जब पता चला तो वह पिंजरे में कैद पक्षी-सी विवश तड़फड़ाकर रह गयी। वह अनाथ और बे-सहारा, लाचार थी। सिवाय अल्ला के उसका न कोई सुनने वाला था, न रक्षक। वह मायूस होकर कोठरी का द्वार उढ़काकर अल्ला को अपनी फरियाद सुना रही थी, तभी किसी ने द्वार पर खटका किया और भीतर आ गया।

वह पीरो की देह का सौदागर था। दाम चुका कर आया था, किन्तु पीरो को अल्ला की इबादत में बैठा पाकर थोड़ा चकित हुआ और पीरो से उसके मन की मायूसी और इबादत की बाबत पूछ बैठा। पीरो ने सारी आपबीती कह सुनाई तथा कहा कि मैं अल्ला से अपनी सजा की वजह पूछ रही थी, कि जिसकी उसे यह सूरत देखने-भोगने को मिल रही है। उस व्यक्ति का मन पिघल गया। उसने पीरो से कहा कि अगर तू सचमुच मुक्ति चाहती है तो गुलाबगंज दरबार में सन्त गुलाबदास जी के डेरे पर जाकर अपनी फरियाद कर। तुझे ज़रूर ही राहत मिलेगी। पीरो ने उस व्यक्ति की बात मान ली। वह पीरो को रात के अँधेरे में चोरी से कोठे से ले जाकर सन्त गुलाबदास जी के डेरे के बाहर, मुख्य द्वार पर प्रातः समय पहुँचा देता है। सन्त गुलाबदास जी का यह प्रातः भ्रमण का समय था। वह नित ही की तरह अपनी घोड़ी पर सवार होकर वहाँ से निकल रहे थे। उनकी नजर इन दोनों पर पड़ी तो वह रुक गये। इनसे आने का कारण पूछा। दोनों ने सिर झुकाकर नमस्कार किया। बालिका पीरो की दुःखद कहानी सुनकर सन्त जी ने उसे अभयदान दिया और अपने डेरे पर आश्रय प्रदान किया।

डेरे पर पीरो को गुरु जी ने मन्त्र और नाम की दीक्षा दी। अब डेरे के सभी लोग पीरो को माता कहकर सम्मान देते। तभी किसी ने इसकी सूचना हिलाई बख्स जरनैल तक पहुँचा दी कि एक मुसलमान लड़की ग़ैर मुस्लिमों के डेरे पर बन्दी बनाकर रखी गयी है। फिर क्या था, जरनैल के संकेत पर लाहौर जामा-मस्जिद के मुल्लाओं ने पंचायत कर कुछ लोगों को सन्त गुलाबदास जी के पास भेजकर पीरो को आजाद करने को कहा। न भेजने पर मजहबी झगड़े हो सकते हैं। पीरो ने यह सब सुना तो स्वयं गुरु जी से प्रार्थना की :

पीरो कहसी सतगुरु तुम बेपरवाहे कदर न इनको आपकी यह बेमुख आहे,
भेजो इनके संग जी तुम किरपा किजे आऊँ इनको झाड़ के बल अपना दीजे।
हूँ चली जाँह जरूर मो छड़ सुन्दर बागां, जो होसी पूर्ण भाग में मुड चरणी लागां।

गुरु जी ने पीरो की प्रार्थना को सुनकर उसे मुल्लाओं के साथ जाने की अनुमति दे दी। माता पीरो को लेकर मुल्ला रुखसत हुए तो लाहौर जाते हुए मार्ग में उसने मुल्लाओं से पूछा कि जब मुझे कोठे वाली के हाथों बेचा गया तब मेरी इज्जत बचाने कौन आया? मैं तो तब भी मुस्लिम धर्म की बेटी थी। मुल्ला लोग उसके ऐसे प्रश्नों से खफा हो जाते हैं और उसे मजहबी शिक्षा लेने के लिए जबरदस्ती करते हैं। तब माता पीरो अपनी वाणी में कहती हैं :

बे–बन बैठाइया काजीया ने, सरा आपदी पाए भूलाए मेनू,
कहें कलमा पढ़ो मुसलमान होसी, हेंसा पाक पलित बनाए मेनू,
करे मसले खोल कुरान अगे, कहे मज़हब असाड्डे आए मेनू,
पीरो कढ लिजे इन्हा गंदीया ते, कदमी आपदी गुरु लगाए मेनू।

माता पीरो को जितने भी तर्क प्रलोभन दिये जाते, वह सबको नकारती जाती। अन्त में उसे कहा गया कि वे उसका निकाह हिलाई बख्श जरनैल के साथ करा देते हैं। इस पर भी माता पीरो ने दो टूक कहा कि 'मेरा विवाह तो मेरे इष्ट गुरु गुलाबदास से हो चुका है। मुल्ला लोग और भी अधिक क्रुद्ध होकर माता पीरो को वजीराबाद भेज देते हैं, जहाँ उसे हथकड़ियाँ और बेड़ियों में जकड़कर यातनाएँ दी जातीं। माता पीरो हथकड़ियों-बेड़ियों की झंकार में अपने गुरु का स्मरण कर गीत गाती, प्रार्थना करती है :

तें तार तपाया काजियां ने, चाहे सरा दे पाए मेनू,
कहे काफ़र होई मिल काफरां नू, चोरी घोल ताबीज़, पिलाए मेनू,
मै तां दासी हां दास गुलाब जी दी, कहे साड़े ईमान में आए मेनू,
पीरों कढ लिजे इन्हा अंधियाँ ते, बल आपदा गुरु जनाई मेनू,

–(माता पीरो दी सिहरफियाँ)

इधर पीरो की अरदास सुनकर गुरु जी अपने दो भरोसे के शिष्यों–सन्त गुलाब सिंह और सन्त चतर सिंह को भेजते हैं कि वे पीरो को किसी भी तरह मुक्त कराकर ले आवें।

गुरु जी का आदेश पाकर दोनों सन्त वजीराबाद पहुँचे। बन्दीगृह के निकट ही एक बाग में आराम करने को रुके। वहाँ के माली से कुछ जरूरी जानकारियाँ प्राप्त कीं। जिस दिन वे माँ पीरो को आजाद कराने को योजनानुसार आगे बढ़े तभी अचानक काली स्याह आँधी चल पड़ी। बन्दीगृह में जब प्रवेश किया तो कहते हैं पहरेदार सो गये थे। बन्दीगृह के दरवाजे अपने आप खुल गए। माँ पीरो की जंजीरें भी खुल गयीं। अपने इस अनुभव को वह इन शब्दों में व्यक्त करती हैं :

हमको गुरु यकीन है, तुम हजरत मीरां,
नाम तुम्हारा लेतियाँ झड़ पैन जंजीरां,
वाहेगुरु गुलाबदास जो कहे जुबानों,
बन्द खलासी हो वसी कर बन्दी मानो।

माता पीरो को मुक्त करवाकर दोनों सन्तों ने उसे अपनी घोड़ी पर बिठाकर गुरु जी के पास पहुँचा दिया। उसके बाद वह गुरु जी की छत्रछाया में रहती हुई मानवंता के प्रति अपने विचार-वाणी व्यक्त करती रही और क्षुद्रता, अमानवीयता, साम्प्रदायिकता के विरुद्ध बोलती-लिखती रही। धार्मिक कट्टरता के विरुद्ध खुला विद्रोह करने वाली, मनुष्यता, प्रेम अध्यात्म के पक्ष में सदैव जूझने, मूल्य चुकाने वाली माँ पीरो की मृत्यु के बाद गुरुजी ने उसकी समाधि के साथ ही एक और समाधि का स्थान खाली छोड़वाया, जहाँ उसके गुरु गुलाबदेव की समाधि दी गयी। यह वही गुरुदेव थे, जिन्होंने जीवित रहते पीरो को अपने तुल्य आसन पर बिठाया था और विजातीय, विधर्मी जाति की महिला को उस युग में समानता का सम्मान दिया था।

अब भी श्रद्धालु लोग राजोंकी बार्डर पंजाब में जाकर बार्डर पर खड़े होकर एक ही छत के नीचे समाधि प्राप्त इस अनोखे गुरु और उनकी अनोखी शिष्या को माथा नवाते हैं।

सन्त श्रीमाँ
(अरविंद आश्रम पांडिचेरी)

श्रीमाँ के नाम से जगत प्रसिद्ध बालिका का जन्म फ्रांस में 21 फरवरी, सन् 1878 को हुआ था। इनके पिता प्रसिद्ध बैंकर श्री मरिस अलफासो ने पुत्री का नाम मीरा रखा था। यह अजब संयोग ही है कि भारत में मीरा नाम की सुविख्यात भक्तिकाल की मीरा के नाम पर बालिका का नाम रखा गया जो बाद में अध्यात्म क्षेत्र की श्रीमाँ बनीं। श्रीमाँ को यों अन्य नामों से—माताजी, मदर, डुसमैर भी पुकारा जाता रहा। मीरा बचपन से ही अन्तर्मुखी बालिका थी। उसे मौन चिन्तन की मुद्रा में देखकर उनकी माता प्रायः पूछ बैठती कि बेटी तुम हर समय इतनी गम्भीर क्यों बनी रहती हो? तुम्हें क्या चिन्ता है? क्या दुनिया जहान की चिन्ताएँ तुम्हें ही घेरे हुए हैं? उत्तर में बालिका कहती—हाँ माँ, मुझे अपनी नहीं संसार की ही फ़िक्र है। मैं कई-कई बातें सोचती हुई गम्भीर हो जाती हूँ। मेरी चिन्ताएँ एवं सोच के विषय उस चार वर्ष की छोटी-सी उम्र में वृक्ष, पशु, पक्षी, आदि थे, जिन्हें वह बहुत चाहती थी। बागों में जा कर पेड़ों के नीचे बैठ जाना, उसका स्वभाव था। वह वृक्षों के नीचे बैठकर अनुभव करती कि इन वृक्षों से उसका आन्तरिक लगाव है, कोई सम्बन्ध है। वृक्षों पर बैठे पक्षी या गिलहरी उसके निकट आ जाते, पास आकर उछलते-कूदते-नाचते। सात वर्ष की वय में स्कूल में एक तेरह वर्ष का लड़का मीरा को चिढ़ाता, परिहास करता। वह सहती रही चुपचाप, फिर एक दिन अचानक आवेश में भर कर उस लड़के को अधर में उठाकर नीचे पटक दिया। माँ ने लिखा है कि ऐसी शक्ति मुझे ईश्वर की कृपा से प्राप्त हो गयी थी।

युवा होने पर मीरा का विवाह फ्रांस के प्रसिद्ध विद्वान पल रिशा से कर दिया गया। तब मीरा का नाम मैडम क्यासा हो गया, परन्तु वह मीरा कहलाना पसन्द करती थीं। विवाह के कुछ समय उपरान्त गुप्त विद्या प्राप्त करने के उद्देश्य से अलजीरिया के अतीन्द्रिय साधक मसियो तेंओ के पास आयीं। मसियो तेंओ ने

मीरा की अलौकिक शक्ति तथा रुचि देखकर उन्हें अपनी शिष्या बना लिया।

एक दिन माँ पियानो बजाती संगीत लहरी में खोई थीं, कि अचानक संगीत थमाँ तभी मुख्य द्वार पर बैठा एक बड़ा-सा मेढक ऊँची आवाज में बोला–"कोआक"। आवाज सुनकर माँ ने मेंढक की ओर दृष्टि घुमाई और समझ गयी कि मेढ़क कह रहा है–"फिर बजाओ"। माँ फिर से पियानो बजाने लगी। मेंढक संगीत सुनता रहा, और संगीत समाप्त होने पर सन्तुष्ट होकर चला गया। यही क्रम कई दिनों तक निरन्तर चलता रहा। अलजीरिया में ही एक घटना और घटित हुई। गर्मी की ऋतु थी। मीरा गुरु तेंओ से अतीन्द्रि-विद्या सीख रही थीं। दोपहर के समय एक वृक्ष के नीचे ध्यान लगाती थीं। एक दिन ध्यान-मग्न थीं, तभी अचानक बेचैनी महसूस हुई। मीरा ने आँखें खोलीं, सामने देखा तो एक नाग फन फैलाये खड़ा था। वह घबराई नहीं, बल्कि नजरें गड़ाए नाग की आँखों में देखतीं, अपनी शक्ति का बल आजमाती रहीं। थोड़ी देर बाद नाग ने फन झुका लिया और चला गया। वस्तुतः मीरा उस नाग के बिल पर ही बैठी हुई थीं। गुरु जी ने यह तथ्य मीरा को बताया कि वह नाग नहाने गया था। अब लौटकर अपने बिल में जाना चाहता था। रास्ता रुका देखकर वह गुस्से में आ गया था। माँ अलजीरिया में गुरु तेंओ तथा उनकी पत्नी से स्थूल शरीर से सूक्ष्म शरीर में समाधिस्थ होकर, प्रवेश करने की, तथा सूक्ष्म शरीर को निद्रित करके गहरे में जाने की क्रिया सीखती थीं। इस क्रिया को माँ सीख गयी थीं। इस अतीन्द्रिय शक्ति के माध्यम से मानव-कल्याण करने की आकांक्षा से माँ इस दिशा में सक्रिय थीं। अतः कुछ चामत्कारिक घटनाएँ भी घटित हुईं। एक बार गुरु तेंओ मीरा के साथ जब यूरोप घूमने को जा रहे थे, तब समुद्र में तूफान उठने पर गुरु ने आदेश दिया कि जाओ तूफान को रोको। तब की घटना का वर्णन वह इस प्रकार करती हैं :

"इस आदेश को पाकर मैं अपने केबिन में जाकर सो गयी। इसके बाद अपना स्थूल शरीर छोड़कर समुद्र में सूक्ष्म शरीर में घूमने लगी। मैंने विस्मय से देखा कि समुद्र की तरंगों पर अगणित प्रेतात्माएँ पागलपन कर रही हैं। सब के सब जहाज के साथ खिलवाड़ कर रही हैं। मैंने उन्हें नम्र भाव से समझाया। अन्त में मेरी बातों का प्रभाव उन पर पड़ा। तुरन्त समुद्र शान्त हो गया। वहाँ से मैं अपने स्थूल शरीर में वापस आ गयी। बाद में डेक पर आकर मैंने देखा–तूफान गायब हो गया था। सभी यात्री प्रसन्नता प्रकट कर रहे थे।"

मीरां के पति पल रिशा फ्रांस सरकार के पांडिचेरी में गवर्नर नियुक्त होकर सन् 1910 में भारत आये। तब मीरा ने उन्हें एक योगचक्र देकर कहा कि भारत में जो कोई योगी इसकी व्याख्या कर पायेगा, वही मेरा गुरु होगा। पल रिशा स्वयं

भी अध्यात्म में गहरी रुचि रखते थे। जब वह पांडिचेरी पहुँचे, तब श्रीअरविन्द बंगाल से निष्कासित होकर पांडिचेरी में ही आये हुए थे। जब दोनों की भेंट हुई तब पल रिशा की योगचक्र सम्बन्धी जिज्ञासा जानकर श्री अरविंद ने उत्तर दिया कि यह सत्य, चित्त, आनन्द का प्रतीक चक्र है जो प्राण, प्रकाश और प्रेम का सूचक है–चैतन्य प्रवाह का प्रतीक है।' इस बाबत जब मेरी को सूचना मिली तो वह फ्रांस से भारत में 29 मार्च, 1914 में श्री अरविंद से आकर मिली। वह कहती हैं–"फ्रांस में वह जिस ज्योति को ख्यालों और सपनों में देखती रही हैं, उसे उन्होंने प्रत्यक्ष रूप में देख लिया है। श्री अरविंद के भीतर एक पूर्ण समर्पित प्राण, आत्मा प्रचण्ड-शक्ति का आधार बनकर मौजूद है। उस समय तक मैं भारतीय धर्म, दर्शन से पूर्णतः अपरिचित थी। पता नहीं, किसने कृष्ण-रूप में चिन्तन करना सिखाया। जब मैंने पहले पहल श्री अरविंद को देखा तब उन्हें पहचान लिया। इसी व्यक्ति को जो मेरे निकट कृष्ण हैं, इन्हें इसी नाम से पुकारती हूँ।" श्री अरविंद ने भी पाया कि 'उनके सामने एक विराट-शक्ति उपस्थित है। मानवी-तन में ऐसा भगवत-समर्पित प्राणी आज तक उनकी दृष्टि में कोई नहीं आया।' श्री अरविंद भी अपने अतिमानस काल के बारे में निश्चिन्त होकर आगे बढ़े। अब उनके योग का एक नया अध्याय पृथ्वी पर आरम्भ होगा।

माँ ने अपनी डायरी में 3 अप्रैल, 1914 को दर्ज किया–"लगता है, मैं नये जीवन के लिए पुनर्जन्म लेने जा रही हूँ। अतीत का कोई भी नियम, कोई भी अभ्यास मेरे काम नहीं आयेगा। मैं जिसे परिणाम समझती थी, वह तो आयोजन मात्र है। अब मैं अनुभव कर रही हूँ कि अब तक मैंने कुछ भी नहीं किया है। आध्यात्मिक जीवन-यापन तो किया ही नहीं, केवल उस मार्ग की ओर बढ़ रही हूँ। शायद मैं कुछ भी नहीं जानती। लगता है, पुनः नये सिरे से सब कुछ अर्जित करना पड़ेगा।"

श्री अरविन्द के जन्म दिवस 15 अगस्त, 1914 को 'आर्य' नाम से एक पत्रिका का प्रकाशन आरम्भ हुआ। यह पत्रिका अंग्रेजी और फ्रांसीसी दो भाषाओं का निर्णय हुआ। श्रीमाँ तथा उनके पति श्री पल रिशा को फ्रांसीसी भाषा में अनुवाद का कार्य सौंपा गया। इस समय विश्वयुद्ध आरम्भ होने से पति के साथ मजबूरन श्रीमाँ को भी फ्रांस जाना पड़ा, किन्तु, युद्ध समाप्त होने के बाद 24 अप्रैल, 1920 को वह आश्रम में वापिस लौट आयीं। अब श्रीमाँ को आश्रम का बहुत-सा कार्यभार सौंपा गया। श्रीमाँ ने श्रीअरविन्द को महायोगेश्वर की वेदी पर स्थापित किया। श्रीमाँ ने इस बार फ्रांस में रहते गीता, उपनिषद, योगसूत्र तथा नारद के भक्ति सूत्र का भी अध्ययन किया था। श्रीमाँ का जीवन अत्यन्त

सादगीभरा था। मात्र तीन साड़ियों में वह निर्वाह करतीं। उन्हें स्वयं अपने हाथों से साफ़ करतीं। वह पूर्णतः आत्मनिर्भर हो गयीं थी। 24 नवम्बर, 1926 को आश्रम में सिद्धि-दिवस' के रूप में मनाया गया तथा उसके बाद श्री अरविन्द गहन-गम्भीरतम साधना हेतु अन्तराल में चले गये। तब तो आश्रम का सारा प्रबन्ध श्रीमाँ के ऊपर ही आ गया, जिसे उन्होंने पूर्ण विश्वास, श्रद्धा और सफलतापूर्वक निभाना आरम्भ कर दिया। साथ ही श्रीमाँ की अध्यात्म-साधना भी, अधिमानस से अतिमानस की, जारी रही। योग शिविर में शिक्षार्थियों को वह उपदेश में कहतीं कि 'भगवान ही तुम्हारे जीवन की चरम वस्तु होनी चाहिए।' तथा 'स्मरण रखना होगा कि हृदय में तुम्हारी सत्ता का केन्द्र है। इस केन्द्र से निकलते हैं–सभी मूल वृत्तियाँ, सभी गतियाँ, सभी प्रेरणाओं की उपलब्धियाँ।" ..."भारत ही एक मात्र देश है, जो संसार को सत्य का मार्ग दिखा सकता है। पश्चिम का अनुसरण किये बिना भारत भगवत शक्ति और एष का प्रकाश उत्पन्न कर संसार को अपना उपदेश दे सकता है।" श्रीमाँ ने यह भी कहा था–"सन् 1938 में मैं श्रीअरविन्द के भीतर अतिमानस-शक्ति का अवतरण होते देख चुकी हूँ। उस समय तक उस शक्ति को पृथ्वी में स्थायी नहीं किया जा सका था।"

5 दिसम्बर के दिन अरविन्द आश्रम के सभी द्वार खोल दिये गये ताकि श्री अरविन्द के सभी भक्त-अनुयायी उनके अन्तिम दर्शन प्राप्त कर लें। उन्हें अपना प्रणाम कर सकें। इस समय माँ ने कहा था, "संसार को यह नहीं मालूम कि इस जगत के लिए उन्होंने कितना बड़ा त्याग किया। आज से एक वर्ष पूर्व बातचीत के सिलसिले में मैंने उनसे कहा था कि मुझे ऐसा लग रहा है जैसे मुझे शरीर-त्याग करना पड़ेगा। तब उन्होंने कहा था–"नहीं, ऐसा कभी नहीं हो सकता। आवश्यक होने पर मैं जा सकता हूँ। तुम्हें अभी अतिमानस योग के आरोहण और रूपांतरण के कार्य करना पड़ेगा।" वह अपने गुरु के आदेश को शिरोधार्य कर अभिनव साधना करती रही। और अन्ततः 15 फरवरी, 1956 के दिन श्रीअरविन्द की इच्छित ज्योति को माँ पृथ्वी पर साकार कर पायीं।" तदोपरान्त दो वर्ष पश्चात् 3 फरवरी, 1958 के दिन माँ ने इस सम्बन्ध में कहा, "अतिमानस, जगत में स्थायी रूप से है और मैं स्वयं भी अतिमानस शरीर में स्थायी रूप से वर्तमान हूँ। इसका प्रमाण आज ही अपराह्न काल में प्राप्त हुआ है।

श्रीमाँ ने 'आरोविल' का स्वप्न बहुत पहले ही सन् 1912 ई. में देखा था कि क्या ही अच्छा हो धरती पर एक प्रकाश की नगरी हो, जहाँ कभी रात या अँधेरा न घिरे। 'अरोविल' का यही वास्तविक अर्थ हैं। श्री अरविन्द के नाम पर इसे साकार किया गया। यह प्रातः की नगरी, भोर की नगरी अब भी आप पांडिचेरी